朱保荣◎著

少儿武术教育教学实践

吉林出版集团股份有限公司

图书在版编目（CIP）数据

少儿武术教育教学实践 / 朱保荣著 . — 长春 : 吉林出版集团股份有限公司 , 2021.8

ISBN 978-7-5731-0317-8

Ⅰ . ①少… Ⅱ . ①朱… Ⅲ . ①武术—体育教育—研究—中国 Ⅳ . ① G852-4

中国版本图书馆CIP数据核字(2021)第164588号

少儿武术教育教学实践

著　　　者	朱保荣	
责任编辑	王　平	
封面设计	中尚图	
开　　　本	880mm×1230mm　　1/32	
字　　　数	100千	
印　　　张	5	
版　　　次	2021年9月第1版	
印　　　次	2021年9月第1次印刷	

出 版 发 行	吉林出版集团股份有限公司	
电　　　话	总编办：010-63109269	
	发行部：010-85173824	
印　　　刷	天津中印联印务有限公司	

ISBN 978-7-5731-0317-8　　　　　　定价：49.00 元

出版说明

本书由于选题之初过于仓促，所定书名为《小学武术教育教学》。经学术委员会商讨，《少儿武术教育教学实践》涵盖《小学武术教育教学》内容，年龄跨度更合理，规范。特此说明。

编　者

8 月 30 日

目　录

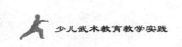

第一章　小学武术教育

第一节　学校教育需要武术教育

　　武术，有国术之称，是中华民族的文化瑰宝，是中华民族优秀传统文化中最具代表性的传统体育运动项目。武术是我国劳动人民在长期生产、生活实践中创造发展起来的宝贵民族文化遗产之一，集健身强身、防病养生、防身自卫、锻炼意志品质于一体，以技击为主要特点，具有套路、散手、功法练习等多种运动形式，注重内外兼修，具有很高的锻炼价值和教育价值。因此，学校教育需要武术教育。

一、中华民族传统文化需要传承

　　党的十八大报告中提出："建设优秀传统文化传承体系，弘扬中华优秀传统文化。"文化是民族存在的依据和符号，是民族的精神家园，寄托着各个民族对自己身份的认同和心理追寻，对于民族的延续，对于国家的存亡，有着特别重要的意义。在全球化的今天，中国的传统文化受到了严峻的挑战，在西方文化冲击下，一些中国青少年的思想正渐渐西化，他

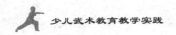

们喜欢吃西餐、喜欢过圣诞节，而优秀的传统文化却已遗忘。中国武术是中国一种特有文化，具有深厚的文化底蕴，是中国的文化品牌。外国人在谈到中国文化时，都不忘提及中国武术，对西方世界而言，中国武术是中国传统文化魅力的典型代表之一。加强武术教育能更好地提高国民素质，对传承中国传统文化、弘扬民族精神、增强民族认同感和凝聚力都具有重要价值。武术作为中华民族的传统体育项目要得到继承和发展，在中小学校中开展武术教学就至关重要。

二、学校教育需要尚武精神

中国武术不仅是一个体育运动项目，还渗透着中国传统文化的精髓，闪耀着中华民族的民族精神。中国尚武精神古来有之，尚武精神是中华民族崛起的标志。纵观历史，凡是尚武的朝代都是中国的兴盛时期，从秦皇、汉武到唐宗、宋祖，无不推崇尚武精神。孔子提倡六艺、佩剑而行；《史记》中为游侠列传；李白是诗仙亦是剑客游侠。到了宋代，为防武将夺权，重文轻武；明清时代，为皇权稳定削弱尚武之风，尽管经济强盛但却无法抵御外敌入侵。民国时期，孙中山先生提出通过武术"强国强种"的口号，大力提倡"尚武精神"，担负着"强国强种"、重振尚武精神责任的武术走进学校体育，为培养新生代国民发挥了应有作用。

党的十八大以来，习近平总书记提出"中国梦"，要实现中华民族的伟大复兴。实现中华民族复兴的中国梦，首先是精神上的崛起，要弘扬以爱国主义为核心的中国精神。武德的核心就是爱国主义，体现"天下兴亡、匹夫有责"的社会责任感。武术不仅是肉体竞技，更是一种尚武精神的展现，象征着中华民族自强不息的精神。武术强壮的不光是身体，更能改变精神气质，通过习武重塑民族性格，增强民族凝聚力。

"少年强则国强"，青少年是实现中国梦的中坚力量。近二三十年，中国青少年的身体素质连续下降，中小学生的体质状况让人忧虑。其中一个重要原因就是"重文轻武"，很多家长、学生认为学好文化知识才是正事，体育课可有可无。在学校里，很多男生性格女性化，变得胆小、懦弱；很多高校学生缺少耐挫能力，一遇挫折便消沉以待。这些都与"尚武精神"的缺失有关，培养学生"尚武精神"不失为提高学生体质、培养良好意志品质的一记良方。武术兼具文化、体育、艺术属性，集德、智、体、美教育为一体，正是学校教育所需要的。

三、武术走进中小学课堂

自古以来，武术就是学校教育的内容之一。在西周时期，"六艺"中的"射""御"就属武术范畴。在唐朝，创立了武举制度，用考试的办法选拔武官。武举教育成为一种教育形式，考取武举的人从小就要锻炼身体，学习武术。宋朝创立了武学，与武举制度相结合，专门培养军事人才，使习武成为一种学制。元、明、清三代，也沿袭了科举制度，但武术的教授以社会团体为主。武术进入学校、纳入正规教育是在民国时期。1915年，在天津召开的"全国教育联合会"第一次会议上，通过了北京体育研究社许禹生等提出的《拟请提倡中国旧有武术列为学校必修课》议案，教育部通令"各学校应添授中国旧有武技"。从此，武术成为学校体育课程中的一项内容，在全国教育会议中，不断有人提案强调"重视国技"。

中华人民共和国成立后，1956年教育部制定颁布的第一部《中小学体育教学大纲》就有关于武术方面的内容。经过多次修订，体育教学大纲明确规定了武术在体育课中的课时和教学内容，武术成为体育课的必学内容。在课程改革后，2001年教育部颁布的《全日制义务教育体育普通高级中学体育（1~6年级）、体育与健康（7~12年级）课程标准（实验稿）》和2011年颁布的《义务教育体育与健康课程标准（2011版）》中明确提出"无论是在小学阶段还是初中阶段，都要重视选择武术等民族民间传统体育项目进行学习"。多年来，武术始终是各级学校体育课的必修内容之一，在开展校园体育活动、丰富学生文化生活和增强学生体质等方面都起到重要作用。它不仅是强健体魄的运动，还是学习中国文化、养成道德规范、培育和弘扬民族精神的重要载体。

第二节 武术教学与德育

武术不仅具有健身与自卫功能，还继承和发展了中华民族重礼仪、讲道德的优良传统，武术教学本身就包含着丰富的德育教育因素。通过武术教学与德育的有机结合，可以向学生进行思想品德教育，达到武术与德育的和谐发展。中华武术提倡"未曾学武先学德"，习武之人最讲武德，武术教学一定要注意武德教育，用武术教学培养出学生美丽的心灵。

武德就是武术道德，即习武者道德品质的修养，是从事武术活动的人在社会活动中所应遵循的道德规范和所应具有的道德品质。传统武德受中国古代文化思想的影响，不可避免地有历史的局限性。现在我们提倡的武德，要摒弃那些陈旧落后的思想，继承、发扬传统武德中的精粹。武德的内涵极其丰富，受小学生的年龄特点影响，小学武术教学中的武德教育不能承载太多的内容。因此，小学阶段武德教育的内容、教学目标、教学方法有着自己的特点。

一、小学武术教学的德育目标

武术教学是对少年儿童进行爱国主义和武德教育的重要途径，在武术教学过程中要加强武德教育，小学阶段的武术教学应达到以下目标：培养崇尚武德的精神，使学生能尊重他人、团结互助、不欺负弱小；激发学生热爱祖国、热爱祖国传统体育文化和民族自豪感，培养爱国主义精神；培养刻

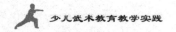

苦锻炼、吃苦耐劳的意志品质和勇敢顽强、坚韧不拔的精神。

二、小学阶段武德教育的内容

随着时代的发展，武德的含义也在不断发展变化，但基本内容却长期保持着相对稳定性和连续性。传统的武德表现为：忠、仁、义、礼、智、信、勇等。现代的武德要把习武同弘扬祖国文化联系起来，培养强烈的民族自豪感，形成热爱祖国、热爱人民的武德思想。结合小学生的实际情况，可以对学生进行以下教育：

（一）忠——爱国主义教育

"忠"是忠于国家、忠于民族。通过武术教学可以使学生了解传统体育文化，激发民族自豪感，从而培养爱国主义精神。首先，教师要引导学生树立正确的学武目的，使其从小就树立良好的习武风尚。要让学生知道学武是为了锻炼身体、磨炼意志、自卫防身，练好武术还可以见义勇为、保家卫国，而不是为了打架斗殴、恃强凌弱、争强好胜。其次，教育学生树立为国争光、弘扬民族文化的崇高理想。武术是中华民族的优秀传统体育文化，需要继承、发展，小学生将来要承担这一重任。作为体育竞技项目，掌握好武术还可以在竞赛中为国争光。

（二）义——见义勇为教育

"义"是正义，要培养学生的正义感。电影、电视中大侠的"侠义"精神对学生有着重大影响，因此教师要引导学生

6

明辨是非，当今我们所能做的就是在法律允许的前提下去帮助别人，伸张正义，良好的武术技能可以提高助人为乐、见义勇为的能力。

（三）仁——团结友爱教育

"仁"是仁慈、仁爱。学生要团结友爱，不欺负弱小。武术具有技击性，每一个武术动作都具有攻防含义。在练习时，同学之间互相配合，互相学习，共同进步。同时，要注意安全，不能互相攻击。在竞赛中也是"以武会友，切磋技艺"，要互相尊重，团结友爱，不能自恃武力、逞强好斗。

（四）勇——顽强勇敢教育

"勇"是勇敢、勇猛之意。"勇"是中华民族的可贵品质，也是战胜困难、克敌制胜的法宝之一。通过武术的练习可以培养学生坚强的意志，使学生变得勇敢、刚毅。

（五）礼——尊师重道教育

"礼"是礼仪，学生要尊师重道、文明有礼。中国素有"礼仪之邦"的美称，武术礼仪是武德的一个重要部分，包括礼貌、礼节、仪式、仪表等。尊师重道是我国传统的优良美德。"尊师"即尊重师长，学生对老师、对长辈要谦和礼让。"重道"即崇尚武道、爱好武术与道德修养。武谚说："未曾学武先学礼。"在武术教学之前要先学抱拳礼，并在以后的武术课上贯穿始终。"抱拳礼"蕴含着虚心好学、谦虚礼让的道德品质，本身就是对学生实施武德教育的一个很好的时机，通过抱拳礼可以让学生知道谦虚、礼让的道理。在武术教学

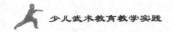

中，应让学生深刻理解"抱拳礼"中所蕴含的中国优秀的传统文化，师生间互行"抱拳礼"，发扬"尊师爱生"的传统美德，继承"尊师重道"的伦理规范，对学生能起到潜移默化的礼仪教育。

（六）勤——勤学苦练教育

"勤"是勤奋，是习武的重要条件。拳谚说："冬练三九，夏练三伏。""一日练一日功，一日不练十日空。"要求练武的人要勤学苦练，磨炼意志。

三、武德教育的形式

（一）在理论知识教学中渗透武德教育

可以利用体育理论课的时间向学生讲述一些武术中的传奇人物和有关武术的动人故事。纵观武术的发展史，有许许多多的习武者为了国家和民族的兴亡，不惜牺牲自己的生命，他们的故事教育和激励着后代习武者。例如：南宋抗金民族英雄岳飞，他时刻铭记母亲在其背上刺的"精忠报国"，学文习武，报效祖国。近代武术家霍元甲不甘忍受侵略者的欺凌和狂妄，凭着高超的武艺，使那些帝国主义列强的拳师不敢在中国的武坛上耀武扬威。这些可以激励学生自强不息、奋发向上，激发学生的爱国主义精神。再如：杨露禅通过艰辛的努力偷学陈式太极拳练成卓越武功的传说，可以教育学生培养坚韧、顽强、吃苦耐劳的意志品质。

（二）在武术技能教学中渗透

在武术教学过程中，不仅要通过教学方法、教学组织形式等把教学内容形象生动地展现在学生面前，而且还应将教学内容的教育意义通过不同方法、形式表现出来，使学生在练习武术的过程中体验武术的无穷魅力，从而达到学生心灵受到熏陶、思想品德受到潜移默化的目的。首先，严格规范课堂常规，课堂的开始和结束师生要互行"抱拳礼"，不仅要完成动作外形上的要求，还要真正体现出行礼双方内心的相互尊重。武术基本功练习，尤其是柔韧性练习，要求学生克服疼痛关，通过武术基本功和套路的练习可以培养学生刻苦顽强、永不自满的品质。教学中应鼓励学生在痛苦中体会快乐，养成挑战自我、战胜自我的意志品质。通过攻防的练习可以培养学生团结互助的精神，引导学生养成讲礼守信的良好习惯。

（三）教师的言传身教

在武术教学中教师言行的表率作用极为重要。常言道："近朱者赤，近墨者黑。"教师是教学的组织者和参与者，教师的一言一行对学生都有重大影响。体育教师不仅要在技能上成为学生的表率，在思想品德上也应成为学生的表率。身教重于言教，教师只有自己具备了良好的武德、武风，才能有力地说服学生，感染学生。教师必须不断加强自身的道德修养，为人师表、以身立教，凡是要求学生做到的，教师首先做到；在教学中要不怕苦、不怕脏、不怕累，上课要遵守

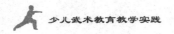

课堂常规，动作示范规范、准确，指导学生要仔细、耐心；对学生真诚有礼、和蔼可亲、平易近人，以自己的规范行为去引导和熏陶学生，使学生在潜移默化中接受武德规范的影响和约束。

第三节　武术教学与智育

有一种观念认为，习武之人"四肢发达，头脑简单"，学习成绩不好、调皮捣蛋的孩子才去练武术。但实际上，武术运动与智育密不可分，二者相互联系，相互作用，通过武术学习可以很好地提高学生的智力水平。

一、武术运动促进大脑和整个神经系统的生长发育

人的大脑有左右两个半球，右手的运动可以使大脑的左半球得到锻炼，左手的运动锻炼大脑的右半球。武术需要双手同时运动来完成的，这就使大脑的左右半球都得到了充分的锻炼。个人潜在的智力或神经活动能力要得到充分的发展，需要大脑皮层反应灵活性和工作能力的提高，加上脑细胞被激活，才能使积极思维、良好的记忆得到发展，使注意的指向性、集中性得到最大的发展。这些是学生学习科学文化知识所必须具备的生理和心理品质。由于武术内容的多样性、复杂性、变化性，学习武术是在建立运动表象的基础上，不断对所学动作进行分析、比较、概括、综合、抽象、记忆

等复杂的思维活动，会促使学生产生一系列积极的思维活动，从而促进大脑和整个神经系统的生长发育。

二、健康的身体和充沛的精力是智力发展的基础

练习武术可以提高学生身体素质，使学生少生病，精力旺盛。有了健康的身体和充足的精力，才能不缺课、不易疲劳，学习才会轻松。另外，长时间进行脑力学习容易使学生产生大脑疲劳，注意力下降，而武术运动能增强学生呼吸系统、心血管系统的机能，充分向人体各组织、器官和系统供应能量，改善大脑供氧状况，很快消除学生疲劳，提高大脑的各种能力，提高学习效率。

三、学习武术对智力的影响

智力是人观察力、注意力、创造力、记忆力、想象力、思维能力、操作能力等的总和，经常参加武术锻炼能使学生的注意、记忆、反应、思维和想象等能力得到提高。

（一）观察力的培养

观察力是智力的重要组成部分，是人通过大脑对事物的观察能力。敏锐而准确的观察力，是学生进行有效学习和提高掌握动作技能的重要保证。学练武术要对动作进行全面观察，从手型、步型、动作路线到劲力表现、节奏变化，甚至每一个眼神。只有认真观察，才能模仿和演练。经过长期的习武锻炼，观察力就能得以提高。观察分为主动观察和被动

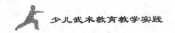

观察。主动观察是指有目的、有计划、有组织地对有观察价值的动作或现象所安排的观察。观察前，要对学生提出要求，使学生有目的地观察。根据观察的目的不同，可以进行整体观察，全面观察动作技术的全貌，也可以进行局部观察，观察动作技术的某一细节。被动观察是指无目的、无计划、自发地观察。当学生进行主动观察时，往往还会自发地观察其他现象。

（二）注意力的提高

注意力是指人的心理活动指向和集中于某种事物的能力。疲劳或情绪波动往往是造成学生注意力转移或分散的原因。一方面，武术运动提高学生体质，使学生不易疲劳；另一方面，注意力是武术学习必须具备的能力之一，经过武术练习能提高学生的注意力。在初学某一动作时，老师示范时要认真看，老师讲解时要认真听，学生自己练习时要对自己认为应注意之处或教师指出的易犯错误之处全神贯注。

（三）记忆力的增强

记忆力是识记、保持、再认识和重现客观事物所反映的内容和经验的能力。实验证明，记忆力可以通过锻炼获得加强。武术套路一般都是由很多个动作所组成，动作结构又都较为复杂，这就要求学练者必须具备较好的记忆力。武术运动对记忆力的锻炼是多方面的，可通过对大量动作技术的教学与训练来实现。在练习中，可以通过学生复述动作要领、分析动作技术、记训练口诀以及考核等方法培养学生的记忆力。

（四）想象力的丰富

想象力是指在现实刺激的作用下，人脑中的旧表象重新组合，从而构造出与原有事物基本相符甚至是完全崭新的形象。想象属于思维活动的范畴，是形象思维的一种形式。武术具有丰富内涵，需要通过形体动作演练表达出来，武术套路的创编、演练动作的意境、攻防技法的创设都需要想象的参与。如武术健身操每一节都有一个形象的名字，练习"虎顾鹰盼"要想象老虎、老鹰觅食的眼神，练习"虎啸生威"就要想象老虎威风凛凛的样子。在学生掌握了一定量的动作后，可以根据自己的想法进行组合，设计新的动作组合、套路。这些练习都可以提高和丰富想象力、创造力。

第四节 武术教学与体育

由于武术的内容非常丰富，形式多样，既有套路练习，又有对抗练习；既有拳术又有器械；既有单练也有对练，并且还有不同风格的拳种和众多流派，这些不同的练习形式和内容各有其特点，适合不同的人群练习，故对人们的健康产生多方面的影响。身体素质包括速度、柔韧、灵敏、耐力、力量等，它是人体在体育活动中所表现的身体活动能力。武术动作的完成需要有一定的速度、耐力、灵活性、柔韧性以及平衡能力，因此，武术能全面提高小学生的身体素质。

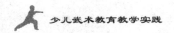

一、武术与柔韧素质

武术是肢体活动幅度较大的运动项目，对柔韧素质都有着较高的要求，要求各个关节必须灵活。关节的运动幅度和灵活、动作速度的好与坏是决定动作质量、观赏性和艺术性的关键因素。良好的柔韧素质能够促使武术习练者提高动作规格质量、有利于高难度动作的完成、提升武术展现力，从而提升武术运动水平；良好的柔韧素质能够提高其他身体素质，促使协调、灵敏、速度、力量等其他身体素质得到充分的发挥；良好的柔韧素质还能够减少运动损伤。

小学阶段的武术基本功训练以对肩部、腰部、腿部等部位的柔韧拉伸活动为主，要尽可能发展人体各个关节肌肉及附着于关节周围韧带的伸展及关节囊的松弛度，是提高动作质量的和运动幅度的基础。武术训练中有比较全面而有效的多种方法，如：压、耗、扳、撕、劈、踢、摆、抢等，既有静力练习，又有动力练习，在训练时要动静结合。由于柔韧素质具有见效快，消退也快的特点，一旦停止练习就会退步。所以柔韧性的训练要持之以恒，并且要注意训练强度，循序渐进，采用科学合理的训练方法，逐步提高柔韧素质。

二、武术与速度素质

速度素质是指人体快速运动的能力，包括反应速度、动作速度与位移速度。反应速度是指人体对各种信号刺激快速应答的能力，主要取决于人的感受器和其他分析器的特征以及中枢神经系统与神经肌肉之间的协调关系。动作速度是指人体或人体某一部分快速完成动作的能力。移动速度是指人体在特定方向上位移的速度，以单位时间内机体移动的距离为评定指标。武术套路运动中的速度特征主要表现为动作速度，技击对抗中速度特征则表现为动作速度和反应速度两方面。动作速度是技术动作不可缺少的要素，表现为人体完成某一技术动作时的挥摆速度、击打速度、蹬伸速度、踢蹬速度等，此外还包含在单位时间里连续完成单个动作时重复的次数（即动作频率）。

速度素质是小学武术运动员基本素质之一，尤其是动作速度，是充分发挥武术技术动作的保证。正处在生长发育阶段的小学生，神经系统有较高的灵敏性，身体在结构功能上具有较大的可塑性，有着良好的生理条件适应速度性训练。据有关资料表明，10~13 岁少年儿童速度增长率最大，是发展速度的"敏感期"，应抓住这一时期，给予适当的训练，提高他们的速度素质。小学生发展速度的练习应安排在学生处于精力充沛、精神饱满的状态下进行，速度练习的量不能过大。在疲劳的状态下持续进行速度训练其效果将会下降，久而久之，就会形成慢速的动力定型，而且容易造成运动损伤。因此，速度练习之间应安排合理的间歇时间，同时随着重复次数的增加，间歇时间也必须相应延长。速度素质的提高是要经过长期、持久、系统的训练才能实现，不能急于求成。

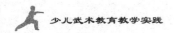

三、武术与力量素质

力量素质主要是指人体的神经肌肉系统在工作时克服或对抗阻力的能力。力量素质是其他身体素质，如速度、协调、灵敏、耐力等的基础。在武术运动中身体运动所需要的力量不是绝对力量的大小，而是表现出快速完成的爆发力，所以武术运动中的肌肉力量训练，应以速度性力量训练为主，发展肌肉的快速收缩能力和提高人体肌肉对动作的控制能力及适当的放松能力。

小学阶段应掌握学生力量发育的规律，科学合理地安排力量的训练。根据小学生肌肉的构成特点，10岁以下不宜负重，可采用抗体重练习，如徒手跑跳、俯卧撑、仰卧起坐和反复蹲跳等练习；12~14岁时，增加抗阻力练习，如使用弹力带马步蹲和小哑铃弯举等。力量训练应以动力性练习为主，尽量少用或不用静力性的练习，特别注意尽量避免憋气性动作，以免因胸膜腔内压的突变而影响心脏正常发育，负荷不宜过大，次数不宜过多，结束后要注意肌肉放松。

四、武术与耐力素质

武术运动是一项动作繁多，结构复杂，负荷强度大的运动，它包括了拳法、腿法、身法、手法、步法、跳跃、平衡、屈伸、翻腾、跌扑等动作，是人体几乎各部位都要参与的运动。比如武术套路比赛，规则规定长拳项目在演练时，时间不得少于 1 分 20 秒钟，要在这样短的时间内完成 70 个左右的武术动作，运动强度相当大。在这样激烈的运动中，运动员要保持长时间稳定相当困难，往往因运动后期的体力不足而影响了动作质量和节奏，降低了运动成绩。由于负荷强度大，对运动员的耐力水平要求很高。因此，武术练习对提高学生心肺功能、增加肺活量、增强耐力素质有很好的促进作用。

五、武术与协调性

协调性是指人体在运动过程中身体各器官、系统在时间和空间上相互配合完成动作的能力，是人体速度、力量、耐力、平衡、柔韧等各种素质与运动技能协同的综合表现，是形成运动技能的重要基础。一个人只有具备良好的协调能力，做动作才能舒展、优美、流畅、准确并快速省力。武术是上肢、下肢、躯干、全身结合的运动，有助于提高学生左、右、上、下的手脚协调配合能力，武术训练对于提高学生身体协调性具有显著的促进作用。通过全面的训练，可以有效地锻炼武术运动员的肌肉平衡感，使其身体达到平衡状态。协调训练可以有效增强体质，改善视觉前庭感觉，改善中枢神经系统的调节，并促进肌肉协调。中小学时期是提高协调性的最佳时期，在这时期教师可根据学生的实际情况开展丰富多彩的教学形式、生动地讲解和舒展规范的示范，提高学生的兴奋性，使学生身体更多的肌肉参与活动，以此提高学生的

协调性。

六、武术与平衡能力

在武术中，平衡能力是影响运动成绩的重要因素，因此，武术对平衡能力要求比较高。平衡控制是一种复杂的运动技巧，影响平衡动作的因素有两方面：一是人体器官的功能因素，主要是指动作的协调能力、耳石器和前庭分析器对身体重心转移的控制和适应能力等；二是器质因素，它包括各关节的柔韧性及相关肌肉的力量素质。武术平衡能力的培养和训练，要从抓基本素质入手，抓基本动作练习，如提膝平衡、燕翅平衡、望月平衡等。在此基础上再进行动作组合与套路练习。要遵循循序渐进的原则，逐步提高控制动作的平衡能力。

第五节　武术教学与美育

武术有着丰富的内涵，对学生德、智、体、美的全面发展也有很好的促进作用。学校教育的目的是培养德、智、体、美全面发展的社会主义建设者和接班人，体育和美育都是学校教育的重要组成部分，对培养全面发展的人才有着重要意义。美育蕴含于德、智、体三育之中，武术教学在培养正确的审美观、审美的敏感和创造美的能力方面有着促进作用。

一、武术中的美

武术运动具有很高的审美价值，可以说武术是活动的雕塑、流动的音乐，很多人喜欢武术就是因为武术的美。武术中有力量、有速度、有技巧、有节奏、有韵律；有动有静，静若处子、动如脱兔；有快有慢，快似闪电、慢若抽丝；有刚有柔，刚中有柔，柔中有刚，刚柔相济；时而如疾风骤雨，时而如行云流水，都给人以不同的美感。因此，武术的美有外在的形体美、劲力美、对称美、节奏美，也有内在的和谐美、精神美、意境美，展现的美是多种多样的，为向学生进行美的教育提供了丰富的条件。

（一）形体美

武术有健体、美体的功能。武术可以全面发展人的身体素质，培养人正确的身体姿势。武术"外练劲、骨、皮，内练精、神、气"，经过长期武术锻炼能健美体格。而且武术很多动作素材来自大自然，展现出人的力量、速度、柔韧性、协调性，例如象形拳、形意拳等，动作舒展大方、形象生动、造型优美，很好地展现了人体的美。

（二）对称美

武术具有均衡的姿态。中国武术的一招一式，一拳一腿，有内有外、有上有下、有前有后、有左有右、有伸有缩、有虚有实、有开有合，武术套路也经常出现左右均衡、两边照应的对称性动作，给人以中心突出、周全平稳的美感。均

19

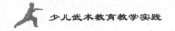

衡的动作显示出整体的严谨，使人从生理上感受到武术的对称美。

（三）劲力美

武术有刚与柔的结合。劲力美即武术中丰富的劲法和力度之美，表现出来的有阳刚之美，也有阴柔之美。刚则强劲无比，如罗汉撞钟，如饿虎出林。例如刚劲的南拳、放长击远的长拳，这些以蹿蹦跳跃、起伏转折、闪展腾挪、跌扑滚翻等速疾有力的动作为主体的套路，无不显示着大气磅礴、坚硬刚猛的气势，给人以壮美之感。柔则绵软非常，如牵丝线，如按烟尘。例如太极拳柔和均匀；八卦掌的松静圆活等特色，皆给人以安静祥和之感。

（四）节奏美

武术有恰当的节奏。武术运动速度不断变化，产生了"动如涛，静如岳，快如风，立如钉"的节奏韵律。套路演练，快慢轻重、动疾缓徐的变化，起伏转折、蹿蹦跳跃来回穿梭，疾如暴风骤雨，徐若老翁拖杖，这种动静缓急、快慢相间的对立统一，变化越强烈，节奏也就越鲜明，从而产生一种律动的美。

（五）和谐美

武术具有和谐的韵律。武术动作的起伏松紧、刚柔相济、徐疾结合，功架的高低大小，十分讲究韵律和谐，表现出统一和谐之美。武术套路动作布局细密、周致，不同风格的动作合理穿插，错落有致，动静结合，内外统一，让人在对比中体味到一种内涵丰富的美。

（六）精神美

中国武术尚武崇德。武以德立，武术从一开始就将自己与道德紧密地联系在一起，这也使得武德之美超越了武术自身，而成为武术的灵魂。习武者要服从国家，注重节气，秉公仗义，不畏强暴，遵守公德，做文明公民，而且要以高尚的理想情操要求和约束自己，不以势欺人，不以艺压人，舍己为人等。再者，在习武的过程也是对意志品质的磨炼。"要练武，不怕苦""欲学惊人艺，须下苦功夫"，练武要有不怕苦、不怕累的精神，要常年坚持，持之以恒。

（七）意境美

中国武术意蕴深厚。中国武术历史、文化悠久，包含很多思想文化，讲究"拳中须有人在"，练拳贵在拳我交融，身械合一，旨在传神，不求形似，创造武术的艺术意境。武术更多展示的是事物的对立统一，平衡和谐的对称状态，呈现的是淡然、平和、沉静的意境。

二、在武术教学中渗透美育

武术中蕴含了很多美的因素，为实施美育提供了条件。因此，在武术教学中不但要充分发挥武术的健身功能，还要发掘武术的审美价值，注重美育的渗透。

（一）让学生欣赏、感受武术的美

《基础教育课程改革纲要》提出要使学生养成健康的审美

情趣，把它列为新课程的培养目标之一，这是基础教育的美育任务在新课程培养目标上的体现。也可以说，基础教育课程在美育方面主要的任务是培养学生健康的审美情趣。要在武术教学中把培养学生良好的审美情趣作为一个重要的教学目标。在武术教学中，教师一方面应该言传身教，通过准确熟练、协调规范、精湛洒脱的动作示范感染学生，让学生时刻感受到武术运动的形体美和精神美。教师在教育教学中处于主导地位，在体育美育中教师自身的美是激发学生美感意识、诱发学生学习情绪的基础。这就要求教师在教学中应首先具有一定的审美观念，善于从教材中感受美、提炼美，将大量美的因素融入学生掌握武术技术动作的过程中去。同时，教师要有扎实的基本功，强硬的专业技能，高超的示范动作水准，才能展示出武术之美。另一方面，教师要借助于现代化手段，在教学过程中充分利用图片、电视录像、网络、多媒体等现代化教学媒体，把教学内容拍成照片、录成视频，使学生可以反复观察学习；有目的地选取武术电影的精彩片段和名拳名家的教学片段进行欣赏，提高学生兴趣，开阔视野，这不仅能让学生欣赏到平时很少接触，甚至有些想象不到的动作技巧美，而且还能弥补我们体育老师因体能或技术水平而导致的运动能力的不足。教学中向学生讲解武术知识，对学生进行美的鉴赏指导，都会给学生美的熏陶和启迪，提高其对美的鉴赏能力。

（二）让学生领悟武术精神

常言道："形美感目，意美感心。"通过耳闻目睹使学生看到武术的外在美，而内在的美则要用心去领悟。对学生进行武德教育是造就学生心灵美的有效手段，正确的审美观是建立在良好的思想、道德品质基础上的。习武者都知道，武德是武术家思想美的集中体现，这一方面跟一个人练武之前的本身思想修为有关，另一方面，还可以通过后天练武过程中潜移默化地进行美的教育，使其不断完善、深化和提高。因此，可以通过武术本身内涵或外在的美育特点，在武术教学过程中，加强武德教育，从思想上、道德上培养学生的审美能力和建构审美心理，加强对学生美的教育，增强其个性品德、教养的精神美，使其达到修养身心、陶冶情操的目的。另外，武术运动还可以培养人的勇敢顽强、坚决果断、奋发向上等优良气质。练武首先要不怕吃苦，所谓"冬练三九、夏练三伏"就是这种气质的具体表现。

（三）让学生在学习武术的过程中创造美

创造美是美育的最终归宿，它是建立在学生对武术的理解、认识基础上的，通过武术运动造就学生健康美，通过武术的掌握使学生能展现美。练武可以强身健体，在武术教学中，教师应重视对学生进行科学练习及训练方向的指导，在向学生传授动作技术的同时，还应传授一些具体的练习、训练方法以及注意事项，使其在科学健身方法指导下全面提高身体素质，通过武术运动塑造学生健美的身躯。在武术教学中，要严格要求学生做到形体工整、势正招圆，使其造型优美；武术演练要注重节奏，要使学生掌握快慢、动静、虚实，产生抑扬顿挫的韵律；除了形体的美还要让其注意精、气、神的训练，做到形神兼备，这样学生的武术动作就会给人以美的感受。

　　总之，在武术教学过程中要遵循以美育体的教学原则，以美健体，使体育、美育相辅相成，从而培养学生感受美、理解美、欣赏美和创造美的能力。

第二章　小学武术教学特点与策略

第一节　小学武术教学的特点及现状分析

一、学校武术的特点

　　武术成为学校体育的重要组成部分，这就促成了学校武术的诞生。学校武术是作为民族民间传统体育运动项目进行学习的，它明显区别于使人致伤致残的实用技击技术，学校武术也不同于竞技武术，它的目的不是为了培养武术专业人才。学校武术是一种新型的武术教育模式，是在继承和发扬、改革和创新的基础上，重新创建的一种适合于学校教育的武术运动，既融合了武术教育的多种功能和运动形式，又将传统武术文化的特色与现代学校武术教育目标的实现相结合。学校武术要突出武术的多方位、多层次的教育功能。

　　学校武术的教育目标是注重普及和弘扬中华武术，促进学生关爱国家和民族，领会武术的内涵，了解武术特点和锻炼价值；通过武术学习体验武术所表现出来的力量、速度、灵敏、韵味，增强身体素质，培养学生勇敢、自信、端庄、

正义、果断、坚毅等良好的心理品质，培养学生爱国爱民、尊师重道、谦和礼让、见义勇为等道德情操。基于这些目标，学校武术不仅是一种技能技术的学习，还是一种延伸到富含武术精神、武术文化的武术教育，是一个涵盖德、智、体、美等诸多教育因素的武术教育体系。

二、《义务教育体育与健康课程标准（2011版）》对小学武术教学的要求

课程标准是规定某一学科的课程性质、课程目标、内容目标、实施建议的教学指导性文件。武术教学是体育课程的一部分，故要依据《体育与健康课程标准》。在《义务教育体育与健康课程标准（2011版）》中，运动技能领域目标提出"无论是在小学阶段还是初中阶段，都要重视选择武术等民族民间传统体育项目进行学习"。小学武术教学面对的是6~13岁的儿童，故课程内容要符合这个阶段儿童的身心特点。小学阶段分为三个水平，每个水平都有武术的内容和要求。水平一要求"学习一些武术类活动的基本动作。如学习基本手型、抱拳、马步、蹬腿、冲拳等简单的武术基本动作、3~5个简单动作组成的动作组合等"；水平二要求"初步掌握一些武术类活动的基本动作。如初步掌握武术的基本动作、6~8个简单的动作组成的武术套路等"；水平三要求"基本掌握一些简单的武术套路。如能够做出少年拳、地方特色拳种、9~10个简单动作组成的武术套路等"。

三、小学武术教学的特点

小学阶段是学生由启蒙教育向正规教育的开始，小学武术教学应当把姿态教育和培养武术兴趣放在目标的首位。通过武术教学提高学生对武术的兴趣，使学生掌握武术基本技能，为以后的学习打好基础。如果一开始学习就失去了兴趣或没有扎实的基本功，以后的武术学习就成了空中楼阁。因此，小学武术教学具有以下特点：

（一）基础性

小学武术教学要使学生掌握必要的武术知识、技能和练习方法，养成锻炼习惯和健康的生活习惯，为部分学生终身学习武术奠定良好的基础。一方面，学生要对武术建立正确的认识；另一方面，要规范武术基本功和武术基本动作的学习。"学拳容易改拳难"，一旦形成错误动作和不良习惯，不但影响锻炼效果、容易造成伤害，而且影响学生以后的发展。

（二）趣味性

兴趣是通往学习乐园的好向导，是一种无形的动力，对学习有巨大的促进作用。保持学生的兴趣是武术教学的一个重要问题。增加武术教学的趣味性有利于调动学生的学习积极性，提高武术教学的效果，促进武术教学的全面开展；增加有利于培养和保持学生的学习兴趣，为以后的武术学习打下良好的基础，使部分学生选择武术作为终身锻炼的体育项目。武术有着强健体魄、锻炼意志、技击防身、观赏娱乐、

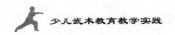

修身养性等多种功能，可以满足学生的不同需求。教师要通过多种方法让学生感受到武术的魅力，从而激发学生对武术的兴趣。

（三）实践性

体育课程强调以身体练习为主要手段，强调的是体能的增强、技能的掌握和行为态度的形成。这就决定了武术教学要通过武术的学习掌握武术技能、增强体能，使学生参与到武术运动中。

（四）健身性

体育课程的第一理念就是坚持"健康第一"的指导思想，促进学生的健康成长。武术教学要充分发挥武术强身健体的功能，通过适宜负荷的身体练习，提高体能和武术技能水平，促进学生健康成长。

（五）综合性

武术教学要充分发挥武术的育人功能，在学习武术技能的同时渗透德育教育、美育教育，促进学生德、智、体、美全面发展。小学武术教学要使学生初步树立武德意识，引导学生树立正确的学武目的，使其从小就树立良好的习武风尚。

四、小学武术教学的目标

依据《义务教育体育与健康课程标准（2011 版）》的课程目标设置，将小学武术教学的目标分运动参与、运动技能、身体健康、心理健康与社会适应四个学习方面。

（一）运动参与

使学生参与到武术学习和锻炼中，体验武术运动的乐趣。小学阶段武术教学应通过丰富多彩的内容、形式多样的形式，引导学生体验武术运动的乐趣，激发、培养学生对武术的兴趣和参与意识。

（二）运动技能

使学生学习武术的一般基础知识，掌握武术的基本技能和方法，初步了解武术的特点，树立武术的攻防意识。小学阶段要注重武术基本功和基本动作的教学，提高动作的准确性和连贯性，为学生进一步学习武术打好基础。

（三）身体健康

通过武术动作的学练，培养学生良好的身体姿态，发展学生身体的力量、速度、柔韧、灵敏、协调等素质，增强其肌肉、韧带的伸展性和弹性，加大关节活动的灵活性和幅度；体验武术动作的速度、力量和节奏感，促进学生身心的健康发展。

（四）心理健康与社会适应

培养学生勇于克服困难、机智勇敢、顽强果断、坚忍不拔等优良品质；培养学生认真学习、刻苦锻炼、勇于进取、与同学友好相处、以礼相待、相互交流和合作等行为习惯；对学生进行爱国主义和武德教育，弘扬民族精神和尚武精神，增强学生的民族自尊心和民族自豪感。

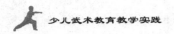

五、武术教学现状分析

（一）国家推动武术进校园

武术走进了学校、走进了体育课堂，这与国家对武术的重视密不可分。1993年国家体委群体司、国家教委有关部门和国家体委武术研究院召开工作会议，决定在《国家体育锻炼标准施行办法》中增加武术，并研究制定了在北京和河北一些中小学开展试点工作的具体方案，这对学校武术教育起到了深远的影响。2004年，中宣部、教育部联合出台的《中小学开展弘扬和培育民族精神教育实施纲要》中提到"体育课要适量增加中国武术等内容"。2010年，教育部和国家体育局联合发文要求各地教委、体育局推广实施《全国中小学生系列武术健身操》。2010年3月，第六次全国武术工作会议在北京召开，国家体育总局武术运动管理中心主任高小军做了题为《认清形势，统一思想，努力开创武术工作的新局面》的报告，提出中国武术发展五年规划，意在经过五年时间的努力，力争使全国85％以上的普通中小学开设武术课，85％以上的学生至少掌握课堂武术教学内容。在2014年与2015年，国家体育总局武术运动管理中心、中国武协在全国13个省份15个地区挂牌"武术进校园试点单位"，开展武术进校园工作试点。2014年，国家体育总和中华全国体育总会《武术段位制推广十年规划》中提出："中小学校是推广武术段位制重点。与教育行政主管部门合作，开办全国中小学体育教师武术段位制教学培训班。"2015 年两会期间，教育部将足球、武术、田径、游泳、篮球、排球、体操确定为"七大校园教育运动项目"。2016 年，国家体育总局在《中国武术发展五年规划（2016—2020）》中，明确提出："重点推进武术进校园。重视青少年及学校武术教育工作，加强与教育部相关部门合作，加快《武术段位制》与《武术健身操》在校园的推广普及，推进武术列入各类学校课程。""力争青少年武术习练人口逐年递增 10%。"在中国武协 9 个专业委员会中，专门设立了"青少年与学校武术指导委员会"负责青少年与学校武术工作。

（二）学校武术任重道远

在国家层面对武术教育高度重视，各级部门也在大力推广和普及中华武术，但在最终的落实上并没有达到预期的效果。目前为止，百度学术关于武术教学现状的文章有近 6320 篇，在中国知网关于武术教学现状的文章共 1490 篇，维普网关于武术教学现状的文章共 911 篇。从这些关于武术教学现状的调查、分析的研究成果来看，大部分地区的武术教学状况不容乐观。虽然体育教学大纲、课程标准明确规定了武术教学的要求，但开设武术内容的学校少之又少。

从调查研究结果来看，其中最重要的原因是能从事武术教学的体育教师严重缺乏，体育教师的武术技能急需提高，武术教学能力也同样需要提高。没有老师能教，武术教学如何落实？很多地方聘请校外武术专业人才走进校园，但是缺

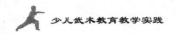

少教育专业知识的武术教练虽注重训练但育人不足。所以，我们要重视对小学体育教师开展切实有效的武术基本功的培训工作，逐步使教师掌握武术教材中的内容，同时要注重教学方法的研究，提高整体教学水平。

另一个影响武术教学发展的因素是教学内容单一。现行武术教学内容基本上是以套路教学为主，多为长拳类动作，延续了很多年，枯燥乏味、形式单一，难学、难记、难练，很难激发学生的兴趣，也不能让学生真正地认识武术。有人说武术教学内容难，因为武术动作路线复杂，变化多，没有基础不易掌握，像腾空飞脚那样的动作大部分学生不能完成；有人说武术教学内容简单，因为教材中的内容都是由几种步型、手型组合起来的，学好基本动作完全可以自己组合。当然，无论是难还是容易，都不利于开展教学。因此，小学武术教学的教学内容急需优化。

第二节　如何上好武术第一课

人们常说："万事开头难。""良好的开端是成功的一半。"所以，要做好一件事有一个良好的开端是非常重要的。武术教学也是一样，如果不能上好武术第一课，很可能会打消学生学习的积极性，使其对武术失去兴趣。因此，武术教学的第一课要注意以下几点：

一、武术第一课应达到的目标及要求

（一）要让学生初步了解什么是真正的武术

目前对武术的认识有两种错误倾向：一种倾向认为武术就是套路演练，是不实用的"花拳绣腿"；另一种倾向认为武术像影视剧中那样、是蒙着神秘面纱的绝世神功。学生对武术的认识大部分来自电影、电视，对真正的武术并不了解。教师要积极引导学生，让他们知道武术与影视表演是不同的，武术也不仅是套路这一种形式，还有功法、对练、散手、擒拿、器械等多种形式，还包括武术文化、武术精神、健身、养生、竞技、娱乐等内容；要让学生初步了解武术特有的技击、防身自卫等价值，使其对武术建立正确的认识。

（二）使学生初步树立武德意识

中华武术提倡"未曾学艺先学礼，未曾学武先学德"，习武之人最讲武德，武德也是武术文化的重要组成部分。武德包括礼节、人品、作风、学武的学风等内容。初学时，不可能面面俱到，但是要从开始就让学生树立武德意识。首先，教师要引导学生树立正确的学武目的，使其从小就树立良好的习武风尚。学生要知道学武是为了锻炼身体、磨炼意志、自卫防身，而不是为了打架斗殴、恃强凌弱、争强好胜。其次，在武术教学之前要先学抱拳礼，不一定让学生完全理解其中的含义，但要让其知道谦虚、礼让的道理，并在以后的武术课上贯穿始终，对学生起到潜移默化的礼仪教育。

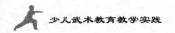

（三）激发学生对武术的兴趣

兴趣是通往学习乐园的好向导，是一种无形的动力，对学习有巨大的促进作用。武术有着强健体魄、锻炼意志、技击防身、观赏娱乐、修身养性等多种功能，可以满足学生的不同需求。教师要通过多种方法让学生感受到武术的魅力，从而激发学生对武术的兴趣。

二、合理选择教学内容，教学形式灵活多样

（一）合理选择教学内容

武术的内容博大精深，但是短短的一节课时间不能承载过多的内容，所以教师必须精心设计课堂内容。选择的教学内容既要考虑学生的身心特点，符合趣味性原则，选择运动形式活泼、特点突出的武术类型；又要注意教学内容的多样性，符合实效性原则，展示武术的多种形式的同时，也要注意武德的教育，使学生对武术有一个较全面的认识。

（二）室内外结合

第一次武术课是在室内还是室外取决于教师，如果教师有良好的武术基础完全可以在室外上，用自己高水平的表演吸引学生、激发学生兴趣，把知识的讲解与实际操作相结合，这样更形象、更生动；如果教师的武术技能不是很好，可以在室内借助多媒体，更全面地展示武术知识与技能，也可以收到同样的效果。

（三）教学方法要灵活、多样

教师要根据小学生的生理、心理特点，以直观教学为主，可以是教师的表演示范，也可以是多媒体展示，结合实际情况选择教法。无论是多媒体展示还是教师的表演，都要有明确的目的，配合讲解以便于学生学习，同时避免说教，理论深入浅出。

第三节　提高学生武术学习兴趣的策略

一、合理开发与选择教材，丰富武术教学的内容

中华武术的历史源远流长，武术的文化博大精深，武术的内容更是丰富多彩。中华武术有几千年的历史，有 300 余个拳种，包括套路、格斗、功法多种形式。因此，要开展好武术教学就要根据实际情况选择、利用好现有教材，并开发、拓展新的内容。《体育与健康课程标准》在武术教材内容上并没有明确规定，这就给教师和学生提供了广大的选择空间，教师完全可以根据学生的兴趣选择内容。

面对丰富的武术内容如何选择呢？经过研究、试验，在武术教学中可以引入象形拳的基本动作、实用攻防技术、简单功力练习、武术名人事迹、名拳历史与特点等内容。同时，虽然内容增加但不能过多地占用课时，可以把武术教材分为四个层次，满足学生的不同要求。例如：把实用攻防技术作

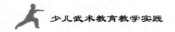

为粗学内容，通过每学年一两次课教会学生几个防身招数和技巧；把武术的历史、拳种、器械作为介绍性教材，拓宽武术的知识面，让学生更多地了解武术；把武术基本功作为锻炼性教材，通过长时间短重复的练习提高学生的柔韧、平衡等素质；把教师擅长的、适合学生特点的内容作为精学内容，让学生真正地学好武术的基本技能。经过调查，这样的做法是符合学生心理、生理特点的，小学生好奇心强、模仿能力强，象形武术、实用技术的教学都很受欢迎。

二、改进武术教学方法

教学方法是根据教学内容来选择的，教学内容丰富了，教学方法也就相应多样了。在武术学习的过程中，有的内容集体练习更有声势，有的内容两人对练才能理解，有的内容苦练才见成效，教师可以借鉴武术的传统教学方法和现代的教学方法相结合。

讲解示范法：现在科技发达，教师可以通过网络、影视、图片、书刊等多种媒体进行教学，这肯定要比单一的讲解示范、学生简单模仿要好得多。武术动作的构成比较复杂、路线变化比较多，因此示范的方向、位置也要不断变化。比如套路中常有转身动作，上一个动作完成转到后面，下一个动作就不能看到示范者，示范者就要到后面示范；有的动作前后都有变化，这就需要做正、反两个方向的示范，才能让学生看清完整动作。好的讲解示范能降低学生学习的难度，学生在不断地提高中才能体会到成功的乐趣。

纸靶训练：纸靶制作简单，应用方便，对于提高学生学习武术的兴趣、纠正武术基本动作、提高学生的动作质量是十分有效的手段之一。

拆手和喂手训练：这两种方法是武术传统训练法。"拆"指拆开，"拆手"就是把动作拆开，进行动作剖析，使学生明白动作的细节，有助于学生动作的提高。"喂手"是教师以进攻学生的方法引导学生理解某一动作的攻防含义。因为武术动作都是有攻防意义的，尤其是比较实用的攻防动作，不是靠讲解能讲清的，一定要让两个人去体验。学生明白动作的用途，有了攻防意识，练习更有目的性，使练习兴趣更长久。

动静结合：小学生好动不好静，所以练习多动少静。但是静力练习有不可替代的作用，所以必须动静结合。例如：武术基本功中的压腿、踢腿有很多种方法，但柔韧素质不是短时间可以提高的，可以通过不同的压腿、踢腿方法逐渐来提高学生的柔韧性，当学生取得别人未有的成就时，一种自豪感会油然而生。

集体发声：在集体练习时，往往需要一定的声势，而且发声有利于发力，所以边做动作边发出洪亮的喊声，会带动学生的情绪。

三、教师要加强武术基本技能的练习

武术教学离不开教师、学生、教学内容和教学方法，其

中教师是教学的主导。在小学阶段教学内容和教学方法的选择主要取决于教师，学生兴趣的培养与保持也要靠教师的引导。教师必须加强武术技能的练习，熟练掌握武术动作，提升自身的武术素养，准确把握武术内涵，才能提高武术示范质量，同时要注重教学方法的研究，切实提高教学质量。

第四节　讲解、示范在武术教学中的应用

一、讲解、示范在武术教学中的作用

示范是武术教学中最常用的一种直观教学法，教师以准确的动作为范例，使学生了解所要学习的动作形象、技术结构、动作要领和方法，它可以使学生通过直观的感性认识来获得正确的动作概念。武术课上的好与坏，与教师的示范有重大关系。教师动作正确，姿势优美，就能引起学生的兴趣，从而避免了枯燥无味的现象。

讲解是武术教学中一种最主要、最普遍的形式，是用语言去描述运动动作的整个过程、完成方法和解释每个武术动作的环节、细节的教学方法。它是用来向学生说明教学任务、动作名称、作用、要领、做法及要求的，通过对动作的讲解，使学生对武术动作的内涵和概念有一个正确的理性认识和了解，为学生学习和掌握规范的动作和套路提供依据和指导。它不仅有助于学生掌握武术的知识、技能和技术，而且对武

德教育也有重要意义。

二、示范在武术教学中的应用

（一）示范动作要准确

正确、优美的示范不仅可以使学生建立正确的身体练习形象，而且可以提高学生的学习兴趣，激发学生学习的自觉性和积极性，对教学效果有重要的作用。武术教学对示范的要求更高，教师做示范要做到形神兼备，手、眼、身、法、步密切配合，手到眼到，动作有力，充分体现武术的美感。

（二）示范要注意位置、方向的变化

武术教学示范位置要根据学生的人数和队形、教学内容、动作的活动范围、学生的观察面及安全要求选择恰当，尽量扩大学生的观察面，让全体学生都能看清教师的示范动作。在动作转折或变换方向时教师应随着动作方向变换来调整示范的位置，使学生都能够看清楚动作路线及变化。由于小学生的方向感比较差，在武术教学过程中要固定场地、固定学生站位的练习方向，如一个动作、一段动作、一次课从哪里开始，开始时面向哪里，结束时面向哪里……总之要保持方向的相对稳定。这样，学生就不会分不清方向，便于学生记忆和理解动作。整套动作熟悉后再改变套路的演练方向，以提高学生的适应性。

（三）示范的形式要灵活多样

示范有完整示范、分解示范、领做、学生示范等形式，

要根据教学的不同需要采用不同的形式。武术教学一般采用完整—分解—完整的方法进行示范。完整示范是把整套动作或整个动作从头到尾示范一遍,运用于教学的初始和教学的后期。动作掌握前的完整示范是为了使学生在头脑中对全套动作有个大概的了解和印象,为分解教学打好基础。动作基本掌握后完整示范可以使学生感受动作的节奏、韵味,从而进一步提高。分解示范是把一个动作或者全套动作分解开来教学,它可以使学生看清动作过程的运行线路、了解动作的细节、更好地掌握动作。如动作结构和方向路线比较复杂繁难的动作,可分上下肢两部分和若干小节进行示范。在教学当中应该注意分解教学不宜将动作分解过碎,应尽快向完整动作过渡。

在示范之后,领做是武术教学的主要环节。教师带领学生练习,这样便于学生理解和模仿动作。由于武术动作多、难度大,教师要反复示范、讲解、领做,特别是遇到动作结构、方向复杂的难度动作时,还需不断地调整示范方位,运动强度也很大。在授课班人数多、练习时队伍散开面积大时,站在不同距离和角度上的学生很难清楚地看到教师的示范动作。这时,教师可以让学生示范。几名学生在不同位置示范可以使各个角度的学生都能看得到,在变换方向时示范者也不必来回移动。对于示范的学生来说,还可以起到激励与鞭策的作用。

（四）示范的速度要适当

示范的速度可分慢速和正常速度两种，武术的示范需要快慢结合。初学动作通常要做两次不同速度示范。第一次示范是展示完整动作，让学生感受到武术的精、气、神，所以要按正常的节奏打出气势、打出力度。如果动作示范做得漂亮，能提高学生学习的兴趣和积极性。第二次示范动作要慢速示范，使学生看清动作的路线结构和形象，以使其建立动作的正确概念。新授时的示范是让学生观察动作的结构和基本姿势，要做慢一些，力量小一些；当学生基本掌握动作路线和方法后，及时转入正常速度，就可打得快一些，力量大一些，节奏明快些；复习提高阶段，要突出武术的风格和特点，要把劲力、节奏及速度表现出来。

（五）正确运用多种示范面

示范有正面、侧面、背面、镜面示范等方法，在武术教学中使用哪种示范面要根据动作的结构和要求学生观察动作的部位而定。武术动作方向、路线复杂，在示范完整动作时一般使用背面示范，这样使学生容易看清方向、路线，避免产生站位和方向错误。示范简单动作，可以镜面示范，但容易给学生造成方向、视觉的紊乱，要慎用。一些连贯动作或路线比较复杂的动作，为了使学生能够更清楚地看到每个动作的手、脚、转身变化等的路线和方向，通常需要多种示范面配合使用，在教学过程中就要采用正面、侧面以及背面的示范教学法。采用多个面的示范，就可以让学生看清动作的

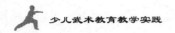

细节部分，它是单一示范面不能解决的教学示范方法，是单个示范面教学方法的补充。

三、讲解在武术教学中的应用

（一）讲解要准确，重点突出、术语规范

讲解是使学生正确理解动作的关键所在，讲解的内容一定要正确。一般在武术教学中，讲解层次要分明，先讲动作结构，然后讲基本姿势，最后讲节奏、发力、手眼的配合以及定势和身体的造型等。讲解时尤其要关注细节，如眼的动作体现着武术的精、气、神；在步型学习中脚尖的方向，决定着重心的稳定性，都不能忽视。因此，教师在讲解前，要对动作进行深入的研习，反复揣摩、认真领会动作的重点、难点和每个技术环节。讲解时尽量用武术术语科学地去讲解，减少传习式的不规范的词句。采用术语讲解更准确，可以收到简明扼要的效果。如穿掌的"穿"，不但包含动作的方式、路线，还有动作的力度，如果换成"伸"字就明显缺乏力度感。

（二）讲解要语言精练

武术动作较复杂，讲解的语言一定要精练。如果讲得不简练，就会使学生难于理解和记忆，直接影响学习的质量。武术讲解要抓住动作技术的关键所在，讲深讲透，使学生一听就明白动作的特点、路线过程、先后顺序、部位的高低等；次要的地方少讲或不讲，也可根据情况一提而过。语言

精练的最好办法是口诀化和单字化讲解。运用口诀化和单字化讲解，就是将动作名称或动作要领、节奏等用简练而形象的语言或形象的单字表示，便于学生记忆动作和提高学习兴趣。运用的口诀必须突出重点，形象生动，用词确切、简练、易记。

（三）讲解要生动形象、通俗易懂

一般武术的教学都比较乏味，武术中的术语较复杂，小学生不容易理解和接受。针对小学生的注意力集中时间较短的特点，在选择教法时要体现小学生的年龄特点，讲解动作时要注意讲解得形象化、趣味化。教师语言的形象性符合小学生的接受能力，通俗易懂，便于学生记忆，还能唤起学生的学习兴趣，调动学生的积极性。教学时可以为每一个武术动作取一个小学生感兴趣的名字，如马步双冲拳叫"双龙出海"、仆步穿掌取名为"燕子抄水"，既形象又容易理解，这样学生既能深刻地记住动作的关键点，学起来也不会觉得枯燥乏味。

（四）提示易犯的错误动作

当学生在学习或练习过程中出现错误和不规范动作时，才实施纠错，这是对纠错比较片面的认识。武术教学过程中，纠错不仅体现在学生学习或练习过程中出现错误或不规范动作的时候，更重要的是在教学中，首先要能预见学生可能出现的错误。在讲解时讲清易犯错误，提示学生严格按照规范标准的动作规格和要求认真练习，这是学习掌握正确动作、

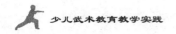

预防错误动作产生的主要手段。

（五）讲解动作的攻防含义

武术不仅有健身作用，还有技击作用，每一个动作都具有一定的攻防意义。在教学中当动作基本掌握时，可以利用武术动作技击性的特点讲解动作的攻防含义及用法，进行一定的攻防练习，不但能加深学生对攻防动作的理解和强化记忆，提高其攻防能力和攻防意识，而且还能提高学生的学习兴趣。但讲技击作用时要注意正面引导，防止学生有不正确的理解，必须要加强学生的武德和武风培养。

（六）要注意讲解的时机和效果

在武术教学中讲解的时机很重要，教师要善于根据教学的实际情况采用不同的讲解方法，提高讲解质量。在讲解基本动作时一定要讲细，在步型的讲解中要严格按照要求去做，每讲一步要求学生做到一步，如脚尖的方向，膝关节、大腿、上肢、胸背等的位置，在学生做的过程中不断地调整体位。如在练基本功踢腿时，要求学生正踢腿后放松走回去，在学生转身走的过程中就要指出正确的踢法，这样既可以节省时间，又可收到最佳效果。

四、讲解与示范相结合

示范与讲解相结合可产生良好的效果。武术教学以身体练习为主，应精讲多练，少讲解，多示范。讲解武术动作不同于一般的文化课程的讲解，它是语言中有动作，动作中有语言，示范和讲解是紧紧连在一起的，相互渗透、相互依靠。在武术教学中，可先示范后讲解也可先讲解后示范，或边讲解边示范，示范到哪里，讲解到哪里。一般采用先示范后讲解教学方法可取得较好效果，使学生先"知其然"，后"知其所以然"。因为武术示范以背面示范为主，背对学生会影响讲解的效果。教学离不开教材教法，教师要深入钻研教材，把握教材的重点、难点，这样才能把握好时机，正确、合理地讲解、示范。

总之，无论是讲解还是示范都要有明确的目的性，要根据教学的目标、要求和学生的具体情况来确定讲解、示范的方式，掌握好时机，保证讲解、示范正确无误，这样才能收到良好的教学效果。

第五节　小学阶段武术游戏的创编方法与技巧

体育游戏是学校体育教学的重要内容，也是小学生喜闻乐见的体育锻炼形式，具有娱乐性、趣味性，对提高学生兴趣有很好的作用，尤其在小学阶段占有很重要的位置。随着体育教学改革的不断深入和发展，体育游戏的内容不断丰富，水平不断提高。但是，在种类繁多的体育游戏中武术游戏是十分少见的，武术游戏缺乏的状况有待改观。

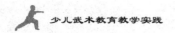

一、小学武术游戏创编的依据

（一）符合小学生的身心特点

学生的身心发展具有阶段性，在游戏教学和创编过程中，不仅要遵循人体机能活动的规律，而且要遵循学生的年龄特征和性别特征。在小学阶段，武术教学是基础教育，以打基础、培养兴趣为主。小学生学习武术的内容和运动能力有限，在游戏中不能有难度过大的内容，又不能简单重复，游戏内容要多样，游戏形式要活泼。

（二）符合锻炼性原则

武术游戏是武术教学的一种教学手段，不能脱离"以身体练习为主要手段的"课程性质。无论是巩固武术基本动作，还是提高武术基本功水平，都要有一定的锻炼价值。

（三）符合趣味性原则

趣味性是游戏的本质特点，如果游戏失去了趣味性，就不能称之为游戏，起码不能称之为好游戏。创编武术游戏要开动脑筋使游戏更具趣味性，从游戏的内容、游戏的情节、游戏的动作、游戏的竞争机制等方面推陈出新、提高趣味。

（四）符合安全性原则

在创编武术游戏的过程中要高度重视安全性原则，排除安全隐患。武术的动作具有功防含义，学生学习后有应用的冲动，教师一定要积极引导。在武术游戏中动作设计不能一味追求高、难、新、奇，规则的制定要明确、合理。

（五）要突出武术的特点

武术游戏创编还要具备武术的因素，突出武术的特点，否则就不是武术游戏。

二、小学武术游戏的创编过程

（一）积累、储备阶段

首先，要搜集素材。游戏素材是组成游戏的基本原件，是创编游戏的原始资料。武术游戏的基本素材是武术基本功、武术基本动作、练习方法等。其次是积累经验。任何发明创造都不是凭空而来的，都要有一定的基础。虽然现有的武术游戏不多，但是其他类型的体育游戏很丰富，可以通过体育游戏教学了解体育游戏的特点、规律。另外，还可以学习有关游戏的书籍、报刊上有关游戏的经验文章，为创编武术游戏积累经验。

（二）酝酿、顿悟阶段

首先要提出创编武术游戏的课题。在武术教学中发现问题，为解决问题产生强烈的创造欲望。然后选择素材，构思设计。创编游戏有时要靠灵感，在教学中会突然冒出一个新的想法，围绕这一点进一步设计。

（三）验证、加工阶段

有了武术游戏的基本设计，要对所创编的游戏进行验证，看它在实践中是否经得住推敲，学生在应用后有什么感受，是否觉得有兴趣等。如果效果不理想，就要考虑是哪个环节

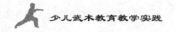

出了问题，对游戏进行修改、加工。

（四）编写、成型阶段

武术游戏的编写包括推敲游戏名称、明确游戏方法与规则、设计场地与器材、制作插图等。游戏名称要简明扼要、便于记忆，能概括游戏的内容或特点，起到画龙点睛的作用。游戏目的、方法、规则、建议的描述要精练，注意叙述的逻辑性。插图的制作可以用手绘，也可以用电脑制作，通常是画场地、组织形式，展示游戏过程则可以用照片，更真实、直观。

三、武术游戏创编的方法

（一）从已有的体育游戏中找到创编的灵感

武术也是体育项目，与其他体育项目是相通的，可以在其他体育游戏的基础上进行改编，加入武术的因素。例如笔者改编的"手型变换"游戏就源于"石头、剪刀、布"，只是把手的动作改成冲拳、推掌、钩手，再如"武术造型比赛"游戏的改编来源于北京市义务教育课程改革实验教材《体育与健康》第4册中的游戏"造型比美"，把用呼啦圈做造型改成用武术动作造型。

（二）把武术中的练法变成游戏

武术动作简单重复练习会产生枯燥感，但换一换形式就能提高学生兴趣。例如笔者创编的"隔空对打"游戏改编自武术中的对练。笔者发现，学生对武术动作中的攻防意义很感兴趣,一旦演示了动作的攻防,学生就有尝试的冲动,为了满足学生的欲望笔者想到了对练的形式,同时考虑到安全因素,就采用不接触的对练,也就是"隔空对打"。

(三)把多个游戏因素进行整合

在从已有游戏触发灵感时,会发现加入武术因素后,很多方法、规则已经无法满足新游戏的需求,这就需要从更多的游戏中汲取营养。如笔者创编的游戏"以弱胜强",创编灵感来自小时候玩的"冰棍,化了"游戏,在快被捉住时,马上说出一个武术动作并正确做出该动作,就可以不被捉。但是动作解除不能说"化了",而且做动作需要时间,为了保证动作质量,笔者借鉴了人教版九年义务教育六年制小学《体育与健康》第 3 册的游戏"大鱼网"和北京市义务教育课程改革实验教材《体育与健康》第 4 册中的游戏"齐心协力"的因素,进行了整合。

四、武术趣味游戏

(一)手型变换游戏

1. 游戏目的

通过游戏练习拳、掌、钩等武术基本手型,巩固动作方法。

2. 游戏方法

两人相距 1 米左右对面站立,双手抱拳成武术预备姿势,齐喊"拳、掌、钩",当声音结束同时迅速做出冲拳或推掌、钩手的动作（如图 2-1、2-2），按照拳胜掌、掌胜钩、钩胜拳的顺序决定胜负。

图 2-1

图 2-2

3. 游戏规则

手型要正确，动作要迅速，两人同时完成，不能中途更改。

4. 游戏建议

此游戏改编自"石头、剪刀、布"，游戏方法、规则可参考原游戏，可以用于分组，也可以进行多人游戏。此游戏可用于初学武术阶段，巩固武术基本手型。以上方法仅举一个例子供参考，当学习的内容丰富了还可以改用其他手型。

（二）武术造型比赛

1. 游戏目的

通过起跑、急停、武术造型等活动，发展灵敏素质和创新能力。

2. 游戏方法

在地上画两条相距 15~20 米的平行线，一端为起跑线，另一端线后为造型区。将学生分为人数相等 4 组，听到教师

口令，每组第一人迅速起跑，到造型区面对同学完成一个武
术动作（如图 2-3），定型后马上返回，然后第二人接力进行，
以造型优美而且先返回的小组为胜。

图 2-3

3. 游戏规则

不得抢跑，第一人返回后第二人才能出发。武术造型要
优美，有停顿，尽量避免重复动作。

4. 游戏建议

（1）判定胜负可采用记分的方法：按速度快慢分别记 4
分、3 分、2 分、1 分，按造型的优美程度也分别记 4 分、3
分、2 分、1 分，将速度分和造型分相加决定名次。

（2）武术造型可以是学过的武术动作，也可以是自己设
计或模仿的动作。可以提前让学生准备，鼓励学生从影视、
书刊等多种媒体中学习自己喜欢的武术动作。

（三）隔空对打游戏

1. 游戏目的

通过游戏中武术攻防动作的运用，使学生更深入地了解

武术动作的含义。培养攻防意识及快速反应能力。

2. 游戏方法

把武术组合、套路中的动作分成攻击动作和防守动作。如冲拳、推掌、弹踢等为攻击动作，格挡（防中位攻击）、架掌（防高位攻击）、盖掌（防低位攻击）等为防守动作。两人相距1米左右（以双方不能接触为准）对面站立，双手抱拳成武术预备姿势。游戏开始一方用攻击动作发动攻击，另一方用防守动作防守，如甲用冲拳攻击乙头部，乙用架掌向上架，防守成功两人攻防互换（如图2-4、2-5）；如果乙用盖掌或格挡，防守不成功为失败，甲继续攻击。

图 2-4 图 2-5

3. 游戏规则

二人保持距离，不得接触。攻防动作要快速、到位。

4. 游戏建议

（1）此游戏应用在有一定武术基础时，学生掌握了一些武术动作。游戏中的攻防动作可根据所学内容进行选择、规定。

（2）游戏中可以加入步型（如图2-6），如马步冲拳、弓步推掌、叉步盖掌等；也可以加入防守反击练习，如甲弹踢攻击、乙左手盖掌防守后，右手推掌攻击，甲变进攻为防守格挡冲拳，如此反复，直到一方失败。

图2-6

（四）武术游戏——以弱胜强

1. 游戏目的

提高学生灵敏素质和奔跑、躲闪能力以及快速反应能力；培养合作意识及学生对武术的兴趣。

2. 游戏方法

根据人数多少在场地上画一个圆圈或长方形，由4名学生手拉手做追逐者，其余学生分散在场内活动（如图2-7）。游戏开始，追逐者进入场地追逐、围堵，场内学生被追逐者围住即失败，退出游戏；场内学生在将要被追逐者围住时，可立刻说出一个武术动作并正确做出该动作就可以不被捉（如图2-8），如果动作与名称不符或动作变形为失败；当围困解除时，由其他任何学生触、拍做武术动作的学生，即可恢复自由活动能力，继续游戏。

图 2-7

图 2-8

3. 游戏规则

（1）场内学生不能跑出场外，否则算被捉住。

（2）被围者不能从拉手学生中间钻过。

（3）追逐者手不能松开，否则为失败；追逐时只能围，不能拉人、推人；不能只盯一个目标。

4. 教学建议

（1）游戏时可根据学生人数适当增减追逐者。

（2）教师要控制运动量，加强安全教育。

第六节　纸靶在武术教学中的应用

所谓纸靶就是用纸做的靶子，是在截拳道中经常用到的训练器材，用来提高出拳、踢击的速度。这是一种极好的训练装置，不仅经济、实用，易于制作，而且对增强打击速度、提高训练兴趣都是十分有益的。制作纸靶可以找旧报纸若干张，单人练习时在纸上系一根绳子，挂在高处；两人练习可以一人持靶，一人练习。纸靶的高度根据所练内容决定，如练习冲拳纸靶与肩同高，练习弹腿纸靶与髋同高。下面以冲拳和蹬腿（弹腿）为例介绍纸靶在武术教学中的应用：

一、用纸靶练习冲拳

冲拳是武术的基本动作，在武术套路和组合动作中应用最多，如果这个动作做不好将会影响整套动作的质量。冲拳动作虽然简单但是练好并不容易，在教学中常出现一些错误，如冲拳无力，冲拳过高或过低等。针对这些错误可以采取纸靶进行纠正。

冲拳过高或过低可以让学生在前面放置纸靶，两人一组，面对面站立，相距一臂距离，一人将纸靶放在练习者正前方，与肩同高，让对方击打（如图2-9）。有了明确的目标，冲拳就不会偏离。为了提高冲拳的准确性还可以在纸靶上画一靶心进行练习。

图 2-9

在初练冲拳时不宜让学生用力，先注意动作的准确性，然后让学生体会转腰、顺肩、前臂内旋，逐渐加快速度。使用纸靶练习让学生冲拳，接触纸靶的瞬间同时握紧拳头，以拳面击打纸靶，使学生感受冲拳的力点，这样就能逐渐做到快速有力。

二、用纸靶练习蹬腿与弹腿

蹬腿与弹腿是长拳中的基本腿法，二者动作方法、要点基本相同，主要区别在于蹬腿力达脚跟、弹腿力达脚背。但是在练习中学生常常不能明确区分，脚尖非勾非绷，动作似是而非。针对这一点可以用纸靶帮学生找力点。做蹬腿时，纸靶垂直放于与髋同高处，以脚跟接触纸靶（如图 2-10）；做弹腿时，纸靶水平放于与髋同高处（双手持靶），以脚背接触纸靶（在脚背接触纸靶时将一手松开，如图 2-11）。

图 2-10

图 2-11

三、击破练习

两人一组，一人双手持靶，将纸靶两端都固定，练习者用快速有力的冲拳、弹踢，击打纸靶，如果速度够快就可以将纸靶打破（如图2-12、2-13）。可以开展挑战赛，通过纸的薄厚变化使学生由易到难不断挑战，让每个学生都体验到成功的喜悦。开始用一张报纸击破练习，然后把两张报纸摞在一起练习，如果有能力可以增加到三张、四张，比一比谁的功夫高。

图 2-12

图 2-13

四、纸靶的作用

除了用纸靶帮助学生找动作的力点之外，还可以用纸靶提高学生的动作速度。动作慢纸靶就会被推开，动作快纸靶会发出"啪啪"的声音，通过声音可以判断动作是否正确，速度够不够快。

学习武术后，很多学生都想试一试，尤其是男同学总喜

欢对着别人冲拳，用纸靶练习就可以满足他们击打的欲望，也避免了互相打闹造成的伤害。而且在击打的过程中，纸靶发出的清脆的响声也容易激发学生斗志，提高练习的兴奋性，"击破"练习不断提高难度还能培养学生竞争的意识。多种的练习方式避免了简单重复的单调练习，可以使学生的兴趣持续高涨。

第三章　小学武术教材教法

第一节　武术基本步型教学（水平一）

一、教学内容分析

武术基本步型是人民教育出版社《义务教育教师用书体育与健康 1 至 2 年级全一册》的教学内容。武术是中华民族的传统体育项目，是小学低年级运动技能教学内容之一。一、二年级主要是选编了最简单易学的武术基础动作，使学生初步了解武术的特点，培养学生对武术的兴趣，激发其民族自豪感。武术基本步型包括弓步、马步，是武术中的最基本的步型，是练习武术的基础。步型的学习主要是提高学生下肢的力量和动作的稳定性，小学生的力量相对较差，不宜长时间进行静力性练习。低年级学生好奇心强，善于模仿，但兴趣保持时间短。同时，学生的注意力集中时间短，要避免长时间重复练习。

二、教学绝招

弓步、马步动作简单，但容易出现一些错误，为了以后

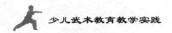

更好地学习，要及时纠正学生的错误动作，为以后学习武术打好基础。利用带彩带的沙包辅助教学，既可以纠正错误又可以增加练习的趣味性，有效突破重难点。

（一）课前准备

将一条 1 米左右的彩带固定在沙包上（如图 3-1）。

图 3-1

（二）练习方法

练习 1：一人练习弓步（马步）；另一人手持彩带一端，沙包自然下垂，放在练习者前脚脚背上方，要求练习者膝部贴近彩带（如图 3-2、3-3）。

练习目的：纠正弓步（马步）前腿膝部未到脚背或超过脚尖。

图 3-2   图 3-3

　　练习2：一人练习弓步，先用后脚脚跟踩住沙包，然后迈步成弓步；另一人手持彩带一端轻拉沙包，练习者脚跟后蹬使沙包不被拉出（如图3-4、3-5）；然后，帮助者拉彩带到练习者腰部，检查练习者后腿是否绷直（如图3-6）。

　　练习目的：纠正弓步后脚跟离地和后腿屈膝。

图 3-4   图 3-5

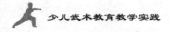

图 3-6

练习 3：一人练习弓步（马步）；另一人将沙包放在练习者前腿大腿上，沙包不能掉下来（如图 3-7、3-8）。

练习目的：纠正弓步（马步）大腿不平。

图 3-7

图 3-8

练习 4：一人练习弓步（马步）；另一人将沙包放在练习者头顶，沙包不能掉下来（如图 3-9、3-10）。

练习目的：纠正练习弓步（马步）低头、弯腰、上体前俯等问题。

图 3-9   图 3-10

（三）练习建议

　　小学生下肢力量较差，不宜进行长时间静力练习。可以短时间多重复、多种方法练习。

　　在练习过程要有的放矢，有针对性地选择练法进行练习，针对不同的易犯错误采用相应的纠正方法，不必每个练习都练一遍。

　　弓步要左右交替练习，均衡发展。

少儿武术教育教学实践

三、课时教学计划示例（见表3-1）

表3-1 课时教学计划示例表

教学内容	1. 武术基本步型 2. 游戏：春播秋收				
教学目标	初步学习武术基本步型弓步、马步，通过教学使90%左右学生掌握弓步、马步动作方法，使85%学生能做到步型正确；通过讲解示范、游戏、合作学习，使学生掌握武术基本步型，发展下肢力量和动作的稳定性；激发学生兴趣，渗透武德教育，培养学生勇敢、自信的良好的品质				
重点难点	重点：步型正确 难点：增加练习趣味性			运动量	
教学过程					
环节	时间	教学内容	教师活动	学生活动	次数	时间
开始部分	约3分	一、上课式 1. 班长整队，报告人数 2. 师生问好 3. 宣布课的任务、要求 4. 检查服装，安排见习生 二、队列练习 1. 三面转法 2. 原地踏步走，立定	1. 检查着装，听班长报告 2. 师生问好，行抱拳礼 3. 宣布课的内容，提出要求 4. 提示动作要领，指挥学生进行队列练习	☆ ☆ ☆ ☆ ☆ ☆ ☆ ☆ ☆ ☆ ☆ ☆ ☆ ☆ ☆ ☆ ☆ ☆ ☆ ☆ ☺ 1. 学生集合站队，班长报告人数 2. 向老师问好，行抱拳礼 3. 学生听讲 4. 听口令，集体练习 要求：转靠有力，声音洪亮	1 2 2	1分 2分

64

续表

设计意图：迅速将学生组织起来，集中注意力，明确课的任务和要求，调动学生学习的积极性。通过抱拳礼渗透武德教育，增强礼仪教育

准备部分	约6分	一、诗歌操《悯农》	教师提出要求，带领学生练习	成体操队形集体练习要求：动作到位	4x8	2分
		二、游戏：石头、剪刀、布	带领学生练习	两人一组进行游戏	2-3	3分
		三、辅助练习弓步压腿	提示要领，指导学生练习	集体练习要求：练习认真	4x8	1分

设计意图：通过诗歌操《悯农》巩固抱拳礼和武术基本手型，通过游戏提高学生大脑皮层的兴奋性，激发学生的活动热情，充分活动身体各关节

| 基本部分 | 约27分 | 一、武术基本步型动作方法：弓步：两脚前后开立，前腿屈膝，脚尖微内扣，后腿蹬直马步：两脚左右开立宽于肩，脚尖向前，屈膝屈髋半蹲，大腿略高于膝，全脚着地重点：步型正确难点：增加练习趣味性 | 1. 由弓步压腿引出弓步，出示挂图、口诀，讲解动作要点2. 教师示范弓步，组织学生练习，纠正动作3. 出示挂图，讲解示范马步动作，纠正学生错误 | 成体操队形☆　☆　☆　☆　☆☆　☆　☆　☆　☆☆　☆　☆　☆　☆☆　☆　☆　☆　☆◎1. 认真听讲2. 和老师一起练习弓步3. 学习马步动作4. 跟随教师两人一组互相纠正错误动作要求：练习认真，互相帮助 | 23-42-32-3 | 17分 |

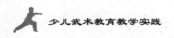

		4. 利用沙包纠正学生易犯错误：教师示范、带领学生用沙包纠正弓步、马步错误 5. 通过游戏"石头、剪刀、布"练习武术基本步型 （1）讲解游戏方法，带领学生游戏 （2）强调游戏规则，组织学生游戏 6. 通过游戏"一步到位"练习武术基本步型 （1）讲解游戏方法，带领学生游戏 （2）强调游戏规则，组织学生游戏 7. 组织学生展示 8. 教师小结	5. （1）认真听讲，和老师做游戏 （2）两人一组游戏 要求：遵守游戏规则，步型要正确 6. （1）认真听讲，和老师做游戏 （2）分组进行游戏 要求：遵守游戏规则，注意安全 7. 观察学习 8. 认真听讲	3~5 5~6 1~2	

66

续表

		二、游戏：春播秋收 游戏方法：组织如图，将学生分为人数相等4队，各队在起跑线后面对呼啦圈排成一路纵队。每队第一人持包，听到信号后迅速跑到呼啦圈，把包放入圈内，然后返回，第二人用同样的方法放包。先跑完的队获胜	1. 讲游戏方法和规则 2. 组织学生尝试游戏，指出问题 3. 组织学生竞赛 4. 教师小结	☆☆☆☆☆　○ ☆☆☆☆☆　○ ☆☆☆☆☆　○ ☆☆☆☆☆　○ 1. 认真听讲 2. 分组尝试游戏，熟悉规则 3. 分组比赛 4. 学生自我评价 要求：遵守规则，诚实守信	1 1 2-3	10分

设计意图：通过教师讲解、观察示范、体验练习、纠正错误、游戏等方法，使学生建立正确动作表象。以彩带沙包有针对性的纠正学生易犯错误，锻炼学生的合作能力；以游戏巩固基本步型，避免简单重复练习带来的枯燥感，提高学生的练习兴趣

结束部分	约4分	一、放松活动：太极 二、课堂小结 三、布置收还器材 四、宣布下课	1. 带领学生放松 2. 课堂小结 3. 布置收还器材 4. 宣布下课，行抱拳礼	1. 学生随音乐模仿老师动作放松练习 2. 学生听讲 3. 帮助教师收还器材 4. 学生下课		3分 1分

设计意图：通过熟悉的音乐和轻柔的动作进行放松，使学生身心得到充分放松，让学生用抱拳礼完成本课的学习，进一步加强武德和礼仪教育

续表

场地器材	彩带沙包 25 个、动作挂图、音乐播放器、呼啦圈 4 个	心率曲线预计	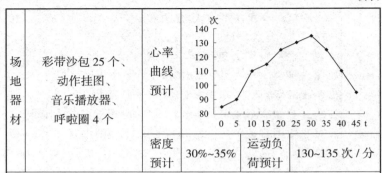		
		密度预计	30%~35%	运动负荷预计	130~135 次 / 分

安全措施:

1. 科学合理地布置场地,使学生练习保持安全距离

2. 教育学生严格遵守课堂常规

3. 教师观察细致,巡视到位,及时处理偶发事件

4. 在教学中,始终贯彻安全教育、武德教育,提示注意安全

课后小结:

四、教学特点

(一)以教具辅助教学,教法新颖

为了纠正学生的易犯错误,用彩带沙包纠正弓步前腿膝部未到脚背或超过脚尖、弓步后脚跟离地和后腿屈膝、低头、弯腰、上体前俯等问题。由于方法多样,学生兴趣高涨,有效地突破了重难点。

（二）注重学生兴趣的培养，把教学内容融入游戏

把武术的基本步型、手型与"石头、剪刀、布"的游戏相结合，既复习了学过的教学内容，又避免了简单重复练习，提高了学生的兴趣。在学习的过程中应用了自编游戏"一步到位"，在游戏中练习武术步型，也激发了学生的兴趣，使学生在玩中学，在学中乐。

第二节　武术健身操"旭日东升"教学（水平一）

一、教学内容分析

武术健身操"旭日东升"是人民教育出版社《义务教育教师用书体育与健康1至2年级全一册》的教学内容。这套操是将武术的基本功、武术基本动作练习与节拍体操相结合的一种锻炼形式，针对小学生的身心发展特点，编入了武术象形动作和象声发音，动作简单、欢快、形象、有趣、易于理解，适合小学低年级学生学练。整套操比现行的广播操时间短，但是运动量比广播操大，能够起到较好的锻炼作用。由于水平一的孩子兴趣转移较快，注意力容易分散，自我控制力和纪律性较差，不利于长时间的练习，所以，教学中要多采用趣味性练习，以培养学生的学习兴趣。

二、教学绝招

（一）游戏"火眼金睛"

1.练习目的

学习第一节起势时，学生会出现摆头无力，缺少精、气、神的现象。通过游戏可以吸引学生注意力，帮助学生快速摆头，提高精、气、神。

2.练习方法

四人一组，两人练习，另两人分别站在练习者左右两侧；当发出口令"左"时，练习者左侧的学生迅速冲拳或推掌，练习者迅速抱拳摆头向左看并说出左侧学生的手型；当发出口令"右"时，练习者右侧的学生迅速冲拳或推掌，练习者迅速抱拳摆头向右看并说出右侧学生的手型，看谁又快又准（如图 3-11、3-12）。

图 3-11   图 3-12

（二）攻防游戏

1. 课前准备

两人一组，空水瓶一个。

2. 练习目的

在学习抻拉运动时，利用攻防游戏，让学生体验劈拳、砍掌、后勾手的力度，同时了解动作的攻防含义。

3. 练习方法

（1）劈拳练习。

两人一组，一人站在练习者的侧面，双手拿水瓶水平放置，练习者用劈拳击打水瓶（如图 3-13、3-14）。

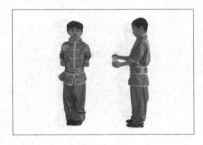

图 3-13 图 3-14

（2）砍掌练习。

两人一组，对面站立，一人把水瓶竖直放置，练习者用双砍掌击打水瓶（如图 3-15、3-16）。

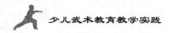

图 3-15   图 3-16

（3）勾手练习。

两人一组，一人手持水瓶站在练习者侧面，向前做出刺的动作，练习者用勾手向后勾手格挡（如图 3-17、3-18）。

图 3-17   图 3-18

（三）快乐拉力带

1. 课前准备

用拉力带缝上粘扣，课前戴在腰上做腰带，用时取下（如图 3-19、图 3-20）。

图 3-19

图 3-20

2. 练习目的

在学习踢腿运动时，学生会出现勒手、蹬脚不同步、蹬脚力点不在脚跟的现象。通过"快乐拉力带"可以解决学生蹬腿不屈膝，勒手、蹬腿不同步的问题。

3. 练习方法

（1）勒手练习。

练习时把拉力带一端踩在脚下，用力拉拉力带另一端，体会勒手的动作（如图 3-21、3-22）。

图 3-21

图 3-22

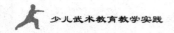

（2）蹬脚练习。

身体立直，提膝将脚放入拉力带里面，蹬脚的同时两手回拉，完成勒手蹬脚动作（如图 3-23、3-24）。

图 3-23 　　　　　　　　　　　图 3-24

（四）小脚环

1. 课前准备

用皮筋系成圈，把吸管系在皮筋上，再将欢乐球系在吸管上，形成小脚环（如图 3-25）。

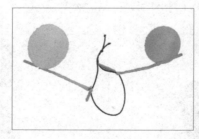

图 3-25

2. 练习目的

在学习侧展运动时，学生会出现震脚无力的现象。通过踩小脚环上的气球使震脚全脚掌着地，提高震脚的速度。

3. 练习方法

把小脚环套在脚上，完成开步上冲后，震脚砸拳时用震脚动作踩破气球（如图3-26、3-27）。

图 3-26

图 3-27

（五）难缠的橡皮筋

1. 课前准备

三人一组，准备一根橡皮筋。

2. 练习目的

在学习拧转运动时，通过橡皮筋体会压肘动作，既可以规范动作，还可以加深对动作攻防含义的理解。

3. 练习方法

两人对面站立拉直橡皮筋，与练习者的肩部同高，练习者把皮筋想象成对方的手臂，先压住橡皮筋（如图3-28、3-29），然后马步压肘（如图3-30、3-31）。

图 3-28

图 3-29

图 3-30

图 3-31

（六）口诀教学

口诀教学是体育教学方法之一，是对动作方法、要领的高度概括，有简练、易记的特点，便于学生记忆。我们将武术健身操"旭日东升"的动作编成口诀，帮助学生掌握动作要领。由于这套操第二至八节操都是第二八拍与第一八拍动作相同、方向相反，第三、四八拍重复第一、二八拍动作，所以口诀是针对第一八拍动作。

第一节起势（虎顾鹰盼）：抱拳左顾速度快，并步按掌大腿外，托掌上举掌相对，并步对拳把头摆。

第二节抻拉运动（手领征袍）：开步劈拳臂要平，两掌前砍臂平行，勾手后摆左顾快，并步抱拳头要正。

第三节开合运动（虎啸生威）：开步冲拳向前方，左右冲拳声洪亮，虚步亮掌架推掌，并步抱拳向前望。

第四节踢腿运动（猛虎蹬山）：弓步击爪架推爪，勒手同时要蹬脚，跪步双推爪前推，"唬"声威武不能少。

第五节侧展运动（掼撞金钟）：开步上冲臂要直，震脚砸拳要同时，勾脚侧掼体侧展，攻防含义要明示。

第六节拧转运动（鹞子抓肩）：并步摆掌把敌抓，马步屈肘向下压，弓步冲拳左拳架，攻防同时威力大。

第七节俯仰运动（鲲鹏亮翅）：开步推掌头左摆，抡臂拍腿小腿外，马步展掌如亮翅，并步抱拳速度快。

第八节跳跃运动（百鸟蹬枝）：马步双冲不要忙，跳步抱拳看前方，双脚颠跳整四次，节奏清晰不慌张。

第九节收势（抖袖掸尘）：摆臂轻把小腿拍，摆臂拍肩掌向外，平托上举再按掌，平托经前收回来。

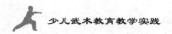 少儿武术教育教学实践

三、课时教学计划示例（见表3-2）

表3-2 课时教学计划示例表

教学内容	1.起势（虎顾鹰盼） 2.游戏：春种秋收				
教学目标	1.学习《旭日东升》第一节起势，90%左右的学生了解和掌握起势的动作方法和动作路线，建立正确的技术动作概念 2.采用游戏与技术相结合方法进行教学，通过体验游戏、口诀记忆的练习，使85%左右学生掌握起势的技术动作，发展身体协调能力 3.渗透武德教育，培养学生学习武术的兴趣及相互帮助的合作精神				
重点难点	教学重点：眼睛注视转头方向，动作路线正确 教学难点：手型变化灵活，动作有力			运动量	
教学过程					
环节	时间	教学内容	教师活动	学生活动	次数	时间
开始部分	约3分	一、上课式 1.集合整队，报告人数 2.师生问好 3.宣布本课内容 4.检查服装 5.安排见习生 二、队列练习 两面转法 原地踏步走，立定	1.候课 2.向学生问好，行抱拳礼 3.教师宣布课内容 （1）武术健身操起势 （2）游戏：春种秋收 4.检查服装 5.安排见习生 1.教师提示重点及要求 2.指导学生练习	组织： ☆☆☆☆☆ ☆☆☆☆☆ ★★★★★ ★★★★★ ☺ 学生集合站队，行抱拳礼 要求：快、静、齐，精神饱满 学生进行队列练习 要求：转靠时方位准确，踏步时上体正直	3-4	1分 2分

78

续表

设计意图：迅速将学生组织起来，集中注意力，明确课的任务和要求，调动学生学习的积极性。通过抱拳礼渗透武德教育，增强礼仪教育

准备部分	约6分	一、《小动物学本领》	1. 教师组织学生模仿动物学本领 2. 提示动作要领 3. 教师评价	组织：四列横队（成体操队形） ☆ ☆ ☆ ☆ ☆ ☆ ☆ ☆ ★ ★ ★ ★ ★ ★ ★ ★ ★ ★ ☺ 学生模仿小动物 要求：上下肢协调配合，有韵律感	4x8	3分
		二、辅助活动练习 1. 手型变换练习 2. 基本功小组合	1. 教师口令指挥 2. 教师提示练习要求	学生按统一口令进行辅助练习 要求：声音洪亮，动作协调	4x8	3分

设计意图：以小动物学本领为情景，通过模仿小动物激发学生兴趣，为后边学习打好基础。在练习武术基本动作和基本功时，一边练一边念武德训，牢记武德，加深印象

基本部分	约27分	一、起势 1. 抱拳礼 2. 起势		组织：四列横队（成体操队形） ☆ ☆ ☆ ☆ ☆ ☆ ☆ ☆ ★ ★ ★ ★ ★ ★ ★ ★ ★ ★ ☺		

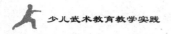

		教学口诀： 抱拳左顾速度快 并步按掌大腿外 托掌上举掌相对 并步对拳把头摆 教学重点：动作 路线正确，眼睛 注视转头方向 动作难点：手型 变化灵活，动作 有力	1. 观看大屏讲解 示范第一节动作， 在头脑中形成动 作表象 2. 教师带领学生 体验动作 3. 结合口诀讲解 第一八拍的动作要 领，组织学生练习 4. 引导学生自学 第二、三八拍 5. 结合口诀，讲 解第四八拍的动 作要领，组织学 生练习 6. 教师带领学生 结合口令集体练 习第一节起势 7. 组织学生两人 一组相互纠错， 并完整动作练习 8. 讲解第一节另 一个名称虎顾鹰 盼以及动作的由 来并引导学生观 看视频，通过游 戏火眼金睛解决 重难点	1. 学生认真观看 大屏，感知动作 要求：观察认真 2. 学生认真跟随 老师模仿动作 要求：认真模仿 3. 结合口诀进行分 解、完整动作练习 要求：动作正确， 摆头快 4. 学生体验学习第 二、三八拍动作 要求：积极思考， 主动练习 5. 结合口诀进行分 解、完整动作练习 要求：路线正确， 动作有力 6. 学生按统一口 令练习完整动作 要求：声音洪亮， 动作正确、到位 7. 两人一组相互纠 错，并集体练习 要求：互帮互学， 共同进步 8. 学生按要求游戏 要求：进入情景， 摆头快速	1 1 1 2-3 2-3 2-3 3-5 1-2	17 分

		9. 教师带领学生喊口令集体练习第一节起势 10. 分组练习，教师巡视指导 11. 引导学生展示评价 12. 组织集体进行完整动作练习 13 教师评价小结	9. 跟随教师一起喊口令练习动作 要求：动作正确、整齐、有力度 10. 学生分组进行练习，互帮互学改进动作 11. 展示与评价 要求：动作正确，客观评价 12. 跟随老师集体练习所学动作 要求：动作协调连贯、有节奏感 13. 认真听教师讲评	1-2 2-3 1 1-2 1	
	二、游戏：春种秋收 方法：如组织图 规则要求： 1. 脚底不越线，听到哨声统一出发，不得抢跑 2. 拿放矿泉水瓶轻拿轻放 3. 文明观赛，积极为本组加油		要求：注意力集中 组织： （组织图） 1. 学生认真听讲，明确游戏方法及规则	10分 1	
		1. 教师讲解游戏方法及规则			

81

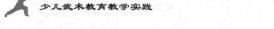

		2.教师组织学生体验练习 3.教师组织学生进行比赛 4.教师宣布比赛结果 5.教师进行小结	2.学生认真练习 要求：学会游戏，遵守规则 3.学生分组比赛 要求：积极参与，团结互助，有进取精神 4.认真听比赛结果，做到胜不骄败不馁 5.认真听讲 要求：积极参与，安全、守则	1-2 2-3 1

设计意图：学生通过教师讲解、观察示范、体验练习、多媒体教学，感悟新知，使学生建立正确动作表象，锻炼学生的合作能力，注重因材施教，结合学生的掌握程度采用火眼金睛的游戏进行有针对性的练习摆头，提高动作质量

| 结束部分 | 约4分 | | 组织：四列横队（成体操队形）
☆ ☆ ☆ ☆ ☆
☆ ☆ ☆ ☆ ☆
★ ★ ★ ★ ★
★ ★ ★ ★ ★
☺ | |

一、放松练习：《养心功》二、教师小结三、布置收还器材四、下课	1. 教师领做并指导练习 2. 教师总结本课学习内容，布置下次课内容 3. 安排学生收还器材 4. 行抱拳礼，互道再见	1. 学生随音乐进行放松练习要求：身心充分放松 2. 积极参与小结 3. 行抱拳礼，协助教师收还器材	3分
			1分

设计意图：通过熟悉的音乐和轻柔的动作进行放松，使学生身心得到充分放松，让学生用抱拳礼完成本课的学习，进一步加强武德和礼仪教育

场地器材	1. 体育馆 2. 多媒体播放器 1 套 3. 矿泉水瓶 56 个 4. 哗啦圈 4 个 5. 展板 1 块	心率曲线预计	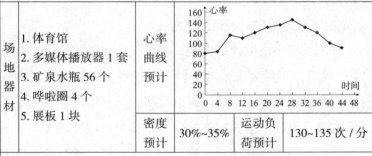
		密度预计	30%~35%	运动负荷预计	130~135 次 / 分

安全措施：

1. 科学合理的布置好场地器材

2. 认真组织学生做好准备活动和放松活动

3. 密切关注学生，及时处理偶发事故

4. 渗透安全教育

课后小结：

四、教学特点

（一）教学方式多样，注重激发学生兴趣

创设"小老虎学本领"的情景，激发学生学习兴趣，符合学生身心特点；采用游戏和技术相结合的形式进行教学，通过游戏"火眼金睛"让学生在玩中渗透动作技术，掌握快速摆头的技术动作，进而提高精、气、神；通过多媒体课件，让学生直观地了解所学武术操的模仿原型，激发学生学习兴趣；结合口诀进行教学，帮助学生掌握动作要领。

（二）武术教学与德育的结合

首先，严格规范课堂常规，课的开始和结束师生要互行"抱拳礼"。不仅要完成动作外形上的要求，还要真正体现行礼双方内心的相互尊重。通过攻防的练习培养学生团结互助的品质，引导学生养成讲礼守信的良好习惯。另外，教师是教学的组织者和参与者，教师的一言一行对学生都有重大影响，体育教师不仅要在技能上成为学生的表率，在思想品德上也应成为学生的表率。上课遵守课堂常规，动作示范规范准确，指导学生仔细、耐心，对学生真诚有礼、和蔼可亲、平易近人，以自己的规范行为去引导和熏陶学生，使学生在潜移默化中接受武德规范的影响和约束。

第三节 武术基本动作弹踢教学（水平二）

一、教学内容分析

弹踢是人民教育出版社《义务教育教师用书体育与健康3至4年级全一册》武术基本动作中的教学内容。小学三、四年级武术教学内容，主要是在复习巩固水平一阶段武术基本功、武术基本动作基础上，重点学习武术基本动作和简单的武术组合动作，提高武术动作的准确性和连贯性，初步了解武术的特点，培养学生学练武术的兴趣。弹踢是武术中的一种腿法，简单实用，通过练习不仅能增强腿的劲力，还能提高腿部肌肉、韧带的弹性和平衡能力，培养学生勇敢、自信的良好品质。弹踢容易出现屈伸不明显、力点不明确等易犯错误，在教学中要及时纠正。

二、教学绝招

在弹踢教学中，学生容易出现屈伸不明显、力点不明确等易犯错误。为了纠正弹踢的易犯错误，用"铃铛靶"辅助教学，收到很好的效果。

（一）铃铛靶的制作

铃铛靶的制作很简单，在脚靶上系上铃铛即可（如图3-32），但系铃铛的绳子要结实，以免脱落造成意外。在靶上系上铃铛，一方面通过铃铛的声音提示学生，另一方面可以提高学生的练习兴趣。

图 3-32

（二）铃铛靶的使用

1. 提膝顶靶

为了纠正学生屈膝不明显的易犯错误，可以把铃铛靶放在练习者大腿同高处，练习者调整距离，先提膝，以膝顶靶，当听到铃铛声时，再向前弹踢（如图3-33）。同时提示提膝时要绷脚，为下一练习打好基础。

图 3-33

2. 脚背踢靶

为了纠正力点不明确的易犯错误，可以把铃铛靶放在练习者大腿同高处，练习者调整距离，以脚背触靶，力达脚尖（如图 3–34）。发力越干脆，铃铛声越清脆。

图 3–34

3. 双靶练习

在练习以脚踢靶的过程中，学生往往因注重发力，而忽视屈膝动作，这时可以采用双靶练习，使学生兼顾屈膝和发力。持靶者手持双靶，一靶放在练习者提膝的位置，一靶放在练习者弹踢时脚的位置，与练习者大腿同高（如图 3–35）；练习者先提膝触靶（如图 3–36），听到铃铛声后再弹踢以脚背触靶（如图 3–37），先后听到两个铃铛声为正确。这个练习在纠正学生易犯错误的同时，还能提高动作的连贯性，进一步提高动作质量。

图 3-35

图 3-36

图 3-37

（三）使用铃铛靶的注意事项

1.在靶的使用上，针对不同目的，放在不同位置，要根据学生的实际情况灵活应用。

2.练习的两人配合要默契。持靶者持靶的远度和高度要适当，过高、过低都不适合练习；练习者要适当调整距离，控制踢靶的准确性和力量。两个人还要互相帮助，持靶者持靶外要注意观察练习者的动作，及时纠正错误动作。

3.练习要均衡发展，提示学生左右腿轮流练习。

三、课时教学计划示例（见表3-3）

表3-3　课时教学计划示例表

教学内容	武术基本动作：弹踢					
教学目标	进一步学习武术基本动作弹踢，通过讲解、示范、学具辅助教学使90%左右学生掌握弹踢技术动作；通过练习使85%学生能做到屈膝后绷脚弹踢、弹击有力，发展下肢力量；激发学生兴趣，渗透武德教育，培养学生勇敢、自信的良好的品质					
重点难点	重点：屈膝后绷脚弹踢 难点：弹击有力				运动量	
教学过程						
环节	时间	教学内容	教师活动	学生活动	次数	时间
开始部分	约3分	一、上课式 1. 班长整队，报告人数 2. 师生问好 3. 宣布课的任务、要求 4. 检查服装，安排见习生 二、队列练习 1. 三面转法 2. 报数	1. 检查着装，听班长报告 2. 师生互行抱拳礼并问好，初步树立武德意识 3. 宣布课的内容，提出要求 4. 提示动作要领，指挥学生进行队列练习	☆☆☆☆☆ ☆☆☆☆☆ ★★★★★ ★★★★★ ☺ 1. 学生集合站队，班长报告人数 2. 向老师互行抱拳礼并问好 3. 学生听讲 4. 听口令，集体练习 要求：转靠有力，声音短促洪亮	1 2 2	1分 2分

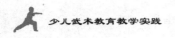

设计意图：迅速将学生组织起来，集中注意力，明确课的任务和要求，调动学生学习的积极性。通过抱拳礼渗透武德教育，增强礼仪教育						
准备部分	约6分	一、武术健身操：《雏鹰展翅》 二、辅助练习提膝顶气球	教师提出要求，带领学生练习 1. 讲解游戏方法，带领学生游戏 2. 顶球比多	成体操队形 集体练习 要求：动作到位 1. 尝试游戏 2. 自由练习 要求：大腿抬平，控制力度	4×8 2~3	3分 3分
设计意图：通过武术操巩固武术基本动作，并充分活动身体的各个关节。采用顶气球游戏活跃课堂气氛，激发学生学习兴趣，练习提膝动作，为下面学习打好基础						
基本部分	约27分	弹踢 动作方法： 并步站立，两手叉腰。右腿屈膝提起，大腿抬平，右脚绷直，当提膝接近水平时，迅速猛力向前平踢，使力量达于脚尖，左腿伸直或微曲支撑，上体正直	巩固复习： 1. 复习弹腿动作方法，强调动作要领 2. 带领学生进行弹踢分解动作练习突破重难点： 3. 指出学生问题，讲解利用脚靶练习提膝的方法、要求	成体操队形 ☆ ☆ ☆ ☆ ☆ ☆ ☆ ☆ ☆ ☆ ★ ★ ★ ★ ★ ★ ★ ★ ★ ★ ☺ 1. 集体练习，边说边做动作 2. 集体练习分解动作 3. 分组练习，脚靶放在膝提起的位置，膝触到脚靶后再前踢，一人练习，其他人提示 要求：先提膝，再绷脚弹踢	2 3~4 5~6	3分 17分

续表

			4.组织连贯练习，用脚背踢击脚靶	4.分组练习，用脚背正面踢到脚靶 要求：踢击有力	5-6	
			5.利用双靶练习 6.讲解示范踢破练习，组织学生练习 7.学生展示 8.讲解弹踢的用法，并加强武德教育，让学生知道武术可以用来防身、见义勇为，但不能用在同学身上	5.用两个靶分组练习，一个靶放在提膝位置，一个靶放在弹踢脚的位置，用膝碰第一个靶，听到铃铛声再踢第二个靶 6.两人一组，一人持旧报纸，一人利用弹踢踢破报纸 要求：报纸高低适宜 7.1-2人展示 8.认真观察、听讲	5-6 2-3	
			接力游戏： 9.以接力的形式进行踢破游戏 教师讲解方法，提出要求 10.教师小结	★★★★★ →□ ★★★★★ →□ ☆☆☆☆☆ →□ ☆☆☆☆☆ →□ 9.分为四组，第一人利用弹踢踢破报纸，然后快速跑到标志物返回，击掌后第二人踢破报纸后接力进行 要求：遵守规则 10.认真听讲	1-2	6分 1分

设计意图：针对弹踢容易出现的易犯错误，采用铃铛靶有目的地进行纠正，改进动作；以纸靶击破练习激发学生兴趣和竞争意识，提高动作质量；最后，以游戏的形式巩固动作，增加运动量

结束部分	约4分	一、放松活动太极放松 二、课堂小结 三、布置收还器材 四、宣布下课	1. 带领学生通过太极动作放松 2. 课堂小结 3. 布置收还器材 4. 宣布下课，行抱拳礼	1. 学生随音乐模仿老师动作放松练习 2. 学生听讲 3. 帮助教师收还器材 4. 学生下课	3分 1分

设计意图：通过熟悉的音乐和轻柔的动作进行放松，使学生身心得到充分放松，让学生用抱拳礼完成本课的学习，进一步加强武德和礼仪教育

场地器材	旧报纸若干，铃铛靶8个，垃圾桶1个	心率曲线预计	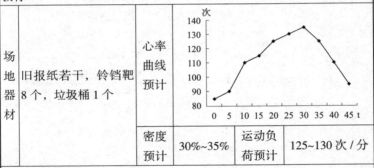
		密度预计	30%~35%	运动负荷预计	125~130次/分

安全措施：

1. 科学合理地布置场地，使学生练习保持安全距离

2. 教育学生严格遵守课堂常规

3. 教师观察细致，巡视到位，及时处理偶发事件

4. 在教学中，始终贯彻安全教育、武德教育，提示注意安全

课后小结：

四、教学特点

（一）以教具辅助教学，教法新颖

为了纠正学生屈伸不明显的易犯错误，用脚靶系上小铃铛，让学生提膝触到靶，听到铃铛响时再弹出；为了纠正力点不明显的易犯错误，用旧报纸当靶，让学生踢破练习，提高学生弹击速度、力量。由于方法新颖，学生兴趣高涨，有效地突破重难点。

（二）层次清晰，循序渐进

根据学生的情况，把重难点分解，逐一突破，先纠正屈膝不明显，再帮助学生找力点，再用双靶规范动作，由易到难，不断提高。在教学过程中重视德育渗透，通过行抱拳礼进行礼仪教育，通过武术攻防演示加强不恃强凌弱的品德教育，使学生从小树立武德意识。

第四节　少年拳（第一套）教学（水平三）

一、教学内容分析

少年拳（第一套）是人民教育出版社《义务教育教师用书体育与健康 5 至 6 年级全一册》的教学内容。小学五、六年级武术教学，主要是在三、四年级武术基本功、基本动作和简单组合动作的基础上，学习和掌握成套动作，提高动作的准确性和连贯性，使学生在武术健身的同时了解中华民族文化，提高学习兴趣，为进一步学习民族传统体育项目奠定基础。少年拳第一套由八个动作组成，是短小精悍的武术套路。通过少年拳教学，可以巩固已学的武术基本动作，建立武术套路的概念，使学生掌握各种规范的步型、步法和手型、手法的合理连接和应用，眼随手动、协调连贯、节奏鲜明的演练技巧，以及相关手法、腿法和组合动作的实用攻防方法；发展学生身体的柔韧性、灵活性、协调性和节奏感，提高动作的速度和连贯性；培养学生的武术兴趣，激发民族自豪感。

二、教学绝招

震脚是一个武术的基本动作，在武术套路中多有应用，有助于发力、制造声势，往往一个干脆、有力的震脚在套路中能起到画龙点睛的作用。但是，练习震脚时由于用力方法不正确会出现震脚无力的问题，为了更好地纠正这一易犯错误，笔者利用小时候玩的"踩响"玩具进行教学，收到很好的效果。

（一）制作方法

"踩响"玩具可以自己制作，用旧报纸就可以叠出来。首先，用半张报纸平均折出九份（如图 3-38），在正中间挖直径约 0.5cm 的小孔（如图 3-39），然后沿宽边左右对折（如图 3-40），再上下对折（如图 3-41），将 B 端插入 A 端的中间即可（如图 3-42）（有孔一面始终向下，露在外面）（如图 3-43）。

图 3-38   图 3-39   3-40

图 3-41   图 3-42   图 3-43

（二）应用方法

从有孔的一面吹气，将"踩响"玩具吹鼓，然后，将有孔的一面向下放置。在练习震脚时，脚要与地面平行（如图3-44），用全脚下踩（如图3-45），动作正确时会将玩具踩破，发出放炮似的声音，如果动作不正确则不会踩响。

图 3-44

图 3-45

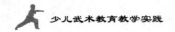

（三）基本原理

震脚强调震踩动作快速，全脚掌用力。当"踩响"玩具充气后，小孔向下放置，可以利用地面堵住小孔，形成封闭的空间，快速有力的震脚可以使玩具内的空气迅速压缩，冲破报纸发出响声。而震脚时如果用前脚掌先着地，会使玩具倾斜，地面无法封闭小孔；如果动作慢会使玩具内空气漏掉，都不会发出清脆的响声。

（四）作用

利用"踩响"一方面可以纠正震脚时用前脚掌先着地和动作缓慢无力的易犯错误，学生可以通过声音判断动作是否正确；另一方面还可以增加学生的练习兴趣，在玩中学，避免简单重复的练习造成的枯燥感。

三、课时教学计划示例（见表3-4）

表3-4 课时教学计划示例表

教学内容	1. 少年拳（第一套） 2. 搭宝塔				
教学目标	1. 初步学习少年拳，使90%的学生知道震脚架打、蹬踢架打的动作方法和攻防含义，80%的学生掌握这两个动作的动作方法，70%学生能做到动作准确、有力，通过学习增强学生的力量、柔韧、协调等身体素质，体验武术动作的精、气、神；通过游戏发展学生快速奔跑和灵敏能力 2. 通过教师的讲解示范、学生合作学习以及教具辅助教学等方法使学生掌握震脚架打、蹬踢架打动作 3. 培养学生对武术的兴趣和良好的武德，学生在学习中能表现出乐于合作、勇于挑战的精神以及勇敢顽强、克服困难的良好思想品质；激发学生热爱祖国传统体育文化的民族自豪感				
重点难点	教学重点：动作准确、有力 教学难点：震脚有力			运动量	
教学过程					
环节	时间	教学内容	教师活动	学生活动	次数	时间
开始部分	约3分	一、上课式 1. 班长整队，报告人数	 1. 检查着装，听班长报告	组织： ☆ ☆ ☆ ☆ ☆ ☆ ☆ ☆ ☆ ☆ ★ ★ ★ ★ ★ ★ ★ ★ ★ ★ ☺ 1. 学生集合站队，班长报告人数	 1	1分

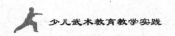 少儿武术教育教学实践

续表

	2. 师生问好 3. 宣布内容 4. 安排见习 二、队列练习 向后转走	2. 师生互行抱拳礼并问好，进行武德教育 3. 宣布课的内容，提出要求：学习少年拳第一套和游戏搭宝塔，武术要"夏练三伏，冬练三九"，激励学生 4. 提示动作要点，组织学生练习	2. 向老师互行抱拳礼并问好 3. 学生听讲 4. 听口令，集体练习 要求： 精神饱满，队列整齐	3-4	2分

设计意图：迅速将学生组织起来，集中注意力，明确课的任务和要求，调动学生学习的积极性。通过抱拳礼渗透武德教育，增强礼仪教育

| 准备部分 | 约6分 | 一、武术操
1. 手型变换
2. 击掌俯腰
3. 步型变换
4. 分掌正踢
5. 弓步冲拳
6. 蹬腿冲拳 | | 组织：（成体操队形）
☆ ☆ ☆ ☆ ☆
☆ ☆ ☆ ☆ ☆
★ ★ ★ ★ ★
★ ★ ★ ★ ★
☺ | 4x8 | 3分 |
| | | 二、武术游戏
动作方法：分别用歇步、弓步、马步三种步型和拳、勾、掌三种手型代替石头、剪子、布 | 1. 教师带领复习动作方法及要求
2. 带领学生练习
3 教师讲解游戏方法及要求 | 1. 认真听讲
2. 集体练习，和教师一起做
要求：动作正确、有力
3. 学生认真听讲，和教师游戏 | 2-3 | 3分 |

98

| | | 4.组织学生分组游戏并巡视指导
5.对学生的步型、手型掌握情况小结 | 4.学生两人一组分组做游戏
5.学生听讲
要求：
认真练习，步型、手型正确 | |

设计意图：通过武术操练习武术基本动作和武术基本功，充分活动身体各关节；通过游戏提高学生大脑皮层的兴奋性，激发学生的活动热情

| 基本部分 | 约27分 | 一、少年拳（第一套）
1．震脚架打

动作方法：
从预备姿势开始，右脚提起在原地下踩震脚，左脚随即向左跨一步，向左转体90度成左弓步；同时左臂内旋屈肘向上横架于头前左斜上方，拳心向上；右拳臂内旋向前冲出，拳心向下眼向前平视 | 1.教师示范完整套路动作，提出要求。正面示范、背面示范各一次，正面示范要连贯、有节奏，背面示范要逐一演练动作
2.提问：少年拳第一套共有几个动作？看老师示范后你对哪几个动作留有印象？ | ☆☆☆☆☆
☆☆☆☆☆
★★★★★
★★★★★
☺

1.学生带着问题认真观察动作
要求：
观察老师示范，少年拳第一套共有几个动作，哪些动作学习过
2.学生回答，并试着做一做记住的动作 | 17分

2

1 |

		2. 蹬踢架打 动作方法： （1）重心移至左腿，右腿屈膝提起，脚尖上钩向前下蹬踢，高不过膝；同时左臂外旋下压，拳心向上；右臂收抱于腰侧。眼向前看 （2）上动不停，右腿后退还原成左弓步架打姿势	3. 进一步明确本课任务：重点学习震脚架打、蹬踢架打。教师示范这两个动作 4. 学习震脚架打、蹬踢架打动作方法 （1）教师边讲解边示范动作 （2）带领学生学习动作，及时纠正学生错误动作 5. 学习震脚架打、蹬踢架打攻防含义 （1）找一名学生配合讲解、演示动作攻防含义 （2）讲解游戏隔空对打的方法：两人面对面站立，互不接触，一人用高位或低位冲拳进攻，另一人用震脚架打或蹬踢架打防守反击 （3）组织游戏，巡视指导 6. 组织学生展示，教师及时评价学生学习成果	3. 学生听讲，明确学习任务 4. 观察动作，认真听讲 集体练习，熟悉动作路线 要求： 认真练习，及时改正错误动作 5. 注意听讲，观察动作 两人一组进行游戏 要求：两人要保持安全距离，不能接触；练习时要有攻防意识 6. 2~3 名学生展示，集体评价	1–2 1–2 1–2 3–5 1–2	

续表

| | | 7. 检查架拳、下压动作是否有力。讲解两人合作学习的方法、要求，组织学生分组练习
8. 纠正震脚动作
（1）出示"踩响"小玩具（用废报纸叠制），讲解用法
（2）指导学生利用踩响练习震脚
9.组织发声发力练习，带领学生练习震脚架打、蹬踢架打完整动作 | 7. 学生两人一组练习，一人练习，一人伸臂配合，观察指导，并检查是否有力
要求：注意站位，两人互相配合
8. 观察，听讲
学生利用"踩响"玩具自主练习
要求：
体会用力部位，全脚掌着地，震脚有力。把废纸回收
9. 集体练习，发声发力
要求：精神饱满，声音响亮 | 2–3

1

2–3

1–2 | |
| | | 二、游戏：
搭宝塔
游戏方法：
每人一块体操垫，利用不同的摆放方法搭建"宝塔"；发令后每组第一名学生拿体操垫迅速跑到建塔区， | ☆☆☆☆☆
☆☆☆☆☆
★★★★★
★★★★★
☺
1.讲解游戏方法及规则
2.组织学生设计搭宝塔的方案 | 1.听清游戏方法和规则
2.分组设计搭宝塔的方案 | 10分

1

1–2 |

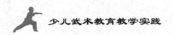

		按方案摆放好体操垫，然后跑回本组，第二名学生继续跑出搭建宝塔。以建塔高、速度快的组为胜	3.组织游戏 4.教师宣布比赛结果，小结	3.分组游戏，搭建宝塔 4.总结游戏中的经验 要求： 遵守规则，团结协作	2~3 1

设计意图：学生通过教师讲解、观察示范、体验练习，使学生建立正确动作表象；用"踩响"玩具纠正震脚无力的易犯错误；用游戏"隔空对打"巩固武术动作，体验攻防含义，在学习过程中让学生感受武术文化，增强民族自豪感，从而培养学生爱国主义精神

结束部分	约4分	一、放松活动 垫上瑜伽 二、课堂小结 三、布置收还器材 四、宣布下课	1.带领学生练习，提示动作要求 2.小结学生课堂表现 3.布置收还器材 4.宣布下课行抱拳礼	 1.学生随老师放松练习 要求： 动作舒展，每个动作坚持8~10秒 2.学生谈收获。认真听讲 要求： 注意安全，不要用学过的动作对人练习，培养武德 3.帮助教师收还器材 4.学生行抱拳礼，下课	3分 1分

续表

<table>
<tr><td colspan="6">设计意图：通过熟悉的音乐和轻柔的动作进行放松，使学生身心得到充分放松，让学生用抱拳礼完成本课的学习，进一步加强武德和礼仪教育</td></tr>
<tr><td rowspan="2">场地器材</td><td rowspan="2">场地：20×50 米场地一块
器材：
体操垫 14 块、
录音机 1 台、
“踩响”玩具若干、
垃圾桶 1 个</td><td>心率曲线预计</td><td colspan="3">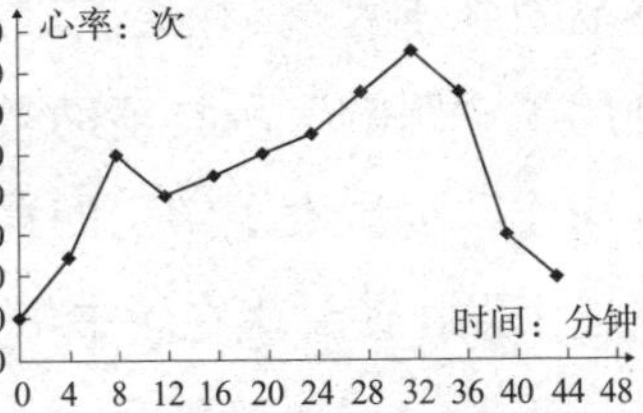
</td></tr>
<tr><td>密度预计</td><td>30%~35%</td><td>运动负荷预计</td><td>130~135 次 / 分</td></tr>
<tr><td colspan="6">安全措施：
1. 科学合理地布置场地，使学生练习保持安全距离
2. 教育学生严格遵守课堂常规
3. 教师观察细致，巡视到位，及时处理偶发事件
4. 在教学中，始终贯彻安全教育、武德教育，提示注意安全</td></tr>
<tr><td colspan="6">课后小结：</td></tr>
</table>

四、教学特点

注重学生兴趣的培养，把教学内容融入游戏，利用多种方式激发和保持学生的兴趣。在课的准备部分中，把武术的基本步型、手型与“石头、剪子、布”的游戏相结合，既复习了学过的教学内容，又避免了简单重复练习，提高了学生

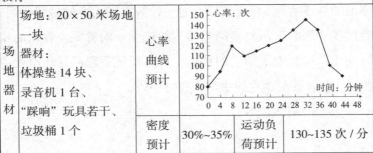

的兴趣，为学习少年拳打好基础。在学习的过程中应用了自编游戏"隔空对打"，一方面有利于学生培养攻防意识，另一方面增加其练习兴趣，同时渗透武德教育，教育学生"己所不欲勿施于人"。在突破难点时，针对震脚无力的易犯错误，利用了"踩响"玩具辅助教学，纠正学生前脚掌先着地的错误动作，也激发了学生的兴趣。这些教学手段都是从学生的兴趣出发，使学生在玩中学，在学中乐。

第四章 小学武术校本教材的开发

第一节 小学武术校本课程开发的背景与依据

一、小学武术校本课程开发的背景

武术作为中华民族的传统体育项目，早在 1916 年就进入学校，20 世纪 60 年代被纳入体育教学大纲。经过多次修订，体育教学大纲明确规定了武术在体育课中的课时和教学内容，武术成为小学体育课的必学内容。但是，由于师资、教材种种原因，武术教学都很难落在实处，而且现有的小学体育中的武术教材亦存在一些问题：有的武术教材内容比较单一，大多局限于长拳类动作；有的武术教材偏难，像腾空飞脚那样的动作大部分学生不能完成；也有的内容比较枯燥，像武术的基本功、基本动作需要长时间反复练习，否则难见成效。这些武术教材很难激发学生的兴趣，也不能让学生真正地认识武术。

随着基础教育课程改革的推进，实行国家、地方、学校三级课程管理，提倡开发、利用地方、学校的课程资源形成地方和学校的特色。《体育与健康课程标准》在武术教材内容

上也有了突破性变化，没有规定武术具体的教学内容，只是确立了一个内容结构框架和课程的基本目标，课程结构有了很大的灵活性，给教师和学生提供了更大的选择空间。2004年，中宣部、教育部联合出台的《中小学开展弘扬和培育民族精神教育实施纲要》中提到："体育课要适量增加中国武术等内容。"中华武术的历史源远流长，武术的文化博大精深，武术的内容更是丰富多彩。要开展好武术教学就要根据实际情况选择、利用好现有教材，并开发、拓展新的内容。开发武术校本课程有利于丰富武术教学内容，对传承中华传统文化具有重要意义。

二、小学武术校本课程开发的依据

校本课程要以实施国家课程为前提，依据《体育与健康课程标准》和《中小学开展弘扬和培育民族精神教育实施纲要》的有关要求。武术是中华民族的文化瑰宝，有着丰富的内涵，武术教学对于传播和发扬民族文化，弘扬民族精神有重要的作用，对学生德、智、体、美的全面发展也有很好的促进作用。因此，开发武术校本课程，在国家课程的基础上适量地增加武术教学内容，有利于落实《中小学开展弘扬和培育民族精神教育实施纲要》，有利于《体育与健康课程标准》教学目标的达成。《体育与健康课程标准》虽然没有规定具体教学内容，但提出了教学目标和标准。武术校本课程教学内容和教学方法的选择要符合课程标准四个领域的目标要求，要有助于达到学习目标。

校本课程要结合本校实际需要，从学校的实际情况出发，以学校的教师为主体，充分利用学校的课程资源。开发武术校本课程是学校武术特色发展的有力保障和重要途径。体育教师是武术校本课程中的重要资源，武术校本课程要由体育教师实施。

学生的兴趣与需要，是开发学校课程的重要依据。学生是课程学习活动的主体，学生参与活动的积极性是教学效果体现的首要条件。据调查，大部分学生喜欢武术，男生都喜欢模仿影视剧中的武术动作，大部分女生和弱者都想通过学习武术以保护自己。开发武术课程可以对学生加以引导，充分考虑学生的需求，选择学生喜欢并符合学生年龄特征的内容。

要符合趣味性和基础性原则。小学阶段是学生由启蒙教育向正规教育的开始，小学武术教学应当把姿态教育和培养武术兴趣放在目标的首位。武术校本课程要挖掘武术中的趣味性，注重武术基本功、基本动作的教学。

第二节　传统武术教育资源的开发与利用

一、传统武术进课堂的必要性

（一）传统武术内容丰富、形式多样，有广泛的选择范围

传统武术种类繁多，风格各异，约有 300 多个拳种，为

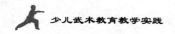

满足不同性别、不同体格、不同气质类型的学生提供了多样性的选择空间。而且，传统武术有丰富的文化内涵，融古代医学、哲学及儒、道、佛等各家思想于一体，蕴含着爱国、正义、讲礼守信、谦和忍让、坚韧不拔、自强不息、惩恶扬善等武德精神和价值观念。中国传统武术进入课堂，对继承传统文化、培养民族精神有着十分重要的意义。传统武术训练形式多种多样，可以单人独自操练，也可以多人对打实战；有提高技击实战的单式练习，也有增强表演效果的套路练习；有形象多变的肢体动作，也有固本培元的内功修炼；有拳术练习，也有器械练习；有刚有柔，"外练筋骨皮，内练一口气"，不受时间、场地的限制，随时随地都可以练习。这些都有利于提高学生对武术的兴趣，能有效地克服武术教材内容陈旧、单调、枯燥的弊端。

（二）传统武术动作简单、实用，易于掌握

技击性是武术与其他体育项目的重要区别，大多数学生都想通过学习武术掌握一些技击方法、自卫方法和健身方法，从而达到强身健体、保护自我、伸张正义、惩恶扬善的目的。具有较强健身性和技击性的传统武术能够很好地满足学生的这种需求，有利于激发学生习练武术的兴趣。传统武术动作结构简单、套路短小精炼，易学易练，学生也容易接受。

（三）传统武术形象性强，富有趣味性

传统武术有很多象形拳，如螳螂拳、鹰爪拳、心意拳等，都是模仿动物搏斗时的动作，很形象，符合小学生的生理、心理特点，可以充分发挥学生形象思维的能力和善于模仿的天性。传统武术的动作都有生动形象的名称，如白蛇吐信、黑虎掏心等，既有趣味性，又便于学生记忆。

二、传统武术教学内容资源的开发

（一）传统武术的教学内容要从学生的角度出发，具有技击性

学生是课程学习活动的主体，学生参与活动的积极性是教学效果体现的首要条件。因此，学生的兴趣与需要，是选择教学内容的重要依据。大多数学生对武术的兴趣源于武术的技击性，希望通过学习武术学到"真功夫"，而不是"花拳绣腿"，选取的教学内容一定要有技击性，简单实用，一定要进行攻防练习，通过攻防技术练习可以使学生更容易领会和记忆，提高学生学习的积极性。另外，小学生模仿能力强，学生经常模仿影视剧中的武术动作，可以联系电影、电视中的真实武术选取学生喜闻乐见的拳种。

（二）传统武术教学内容要多样性与趣味性相结合

传统武术经过几千年的发展演变，逐渐形成了风格各异的众多门派，每个拳派又包括许多拳术和器械套路。要充分发挥传统武术形式多样、形象性强的优势。要有单势练习，也要有套路练习，还要有功法练习。单势动作可以选择简单实用的，套路可以选择短小精干、实用性强的。在教学中还可以采用游戏的形式进行教学，或者在教学时配上音乐来增

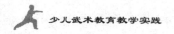

强传统武术课的趣味性。

（三）传统武术教学内容的优化

传统武术有着很多优势，但并不是没有缺陷。在体育课堂上不能照搬传统武术传承的模式，要进行筛选、改编，取其精华，去其糟粕。一方面要简化，传统武术中也有很多复杂难练的动作，也有的套路过于重复，教学时要避开这样的内容，并降低要求。如象形拳教学中，可以先从学生们熟悉的、常见的动物入手，如螳螂拳（如图 4-1）、鹰爪拳（如图 4-2）、蛇拳（如图 4-3）、虎拳（如图 4-4）、鹤拳（如图 4-5）、龙形（如图 4-6）等，任其在武术课中模仿他们最熟悉的动物的动作及形态，抓住每个动物的特征加以模仿，重点突出所取动物的进攻技巧，不求形象但求意真，淡化套路的前后顺序。另一方面可以改编，把一些单势动作自己组合，把一些练习游戏化，使内容更符合小学生的特点。

图 4-1   图 4-2   图 4-3

图 4-4　　　　　　　　图 4-5　　　　　　　　图 4-6

（四）加强传统武术教学方法的研究

为了使武术教学收到良好的教学效果，还要注重教学方法的研究，把传统教学方法与现代的教学方法相结合，从而保证教学目标的达成。可以用拆手和喂手训练这两种传统训练法，把动作拆开，进行动作剖析，使学生明白动作的细节，教师以进攻学生的方法引导学生理解某一动作的攻防含义；可以借助纸靶纠正武术基本动作，提高学生的动作质量；可以采用多媒体教学，通过网络、影视、图片、书刊等多种媒体进行教学，在教学中把教学内容拍成照片、录成视频，使学生可以反复观察学习，抑或有目的地选取武术电影的精彩片段和名拳名家的教学片让学生欣赏，丰富其武术知识，培养学生对武术的兴趣；还可以创编武术游戏，游戏是小学生喜闻乐见的体育锻炼形式，有利于激发学生学习武术的兴趣，提高教学效果。

三、传统武术教学人力资源的开发

（一）体育教师传统武术特长的发掘

教师是教学的主导，体育教师是体育课程中的重要资源。如果体育教师具有传统武术的基础，在选择教学内容、组织教学的过程中就会得心应手。如果体育教师没有传统武术的知识和技能，就要加强学习，进行相关的培训。

（二）校内其他人力资源开发

除了体育教师，还可以利用其他有传统武术特长的教师或学生。有的教师有练习传统武术的经历，也有的学生在校外学习过传统武术，这些资源都可以利用，发挥他们传、帮、带的作用。

（三）校外人力资源的开发

武术具有地域性。本地流传广，有群众基础的拳种，校外人力资源丰富，发掘本地的传统武术的人才资源，把他们请进课堂，同时也可以对体育教师多培训，提高教师传统武术的教学能力。

第三节　二节棍校本教材的开发

二节棍是中国武术中的传统软兵器，也是一种很好的防身健体器械。二节棍对锻炼上肢力量，尤其是腕部的力量作用显著，通过二节棍的抓握练习可以锻炼前臂肌群，提高握力素质。由于受李小龙在电影中的表演和周杰伦的歌曲《双截棍》的影响，它已经成为青少年十分喜爱的运动项目，这也为它进入体育课堂提供了可能。

一、二节棍教育意义的开发

练二节棍就要说到李小龙，是李小龙出神入化的表演让更多人认识并喜爱上了二节棍。李小龙是一个很好的榜样，无论是在生活中还是在电影中，他都洋溢着强烈的民族精神和不畏强暴、努力拼搏的精神。我们可以充分挖掘李小龙的故事和李小龙电影中的教育因素，对学生进行热爱祖国、自强不息、勇敢顽强的教育。另外，在二节棍的练习中还可以磨炼学生的意志，在克服苦与痛的过程中培养其坚韧不拔的毅力。

二、二节棍练习价值的开发

（一）二节棍的锻炼价值

二节棍以锻炼上肢力量为主，尤其是腕部的力量，通过二节棍的抓握练习可以锻炼前臂肌群，提高握力；二节棍能提高肩、肘、腕、指等关节的灵活性，通过二节棍与身法、步法的结合带动全身，提高身体的协调性；二节棍练习还能培养对空间的感觉能力和瞬间反应能力。

（二）二节棍的观赏价值

青少年对二节棍的喜爱大多是看了二节棍的表演，激发

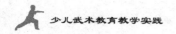

了其表演的欲望。确实，掌握了二节棍可以在多种场合表演，给学生带来一种成就感。二节棍有刚有柔，还有很多舞花，表演起来上下翻飞，十分好看。再加上响环、彩带、荧光等辅助手段，或与音乐、舞蹈相结合更具观赏价值。

（三）二节棍的自卫价值

二节棍可长可短，短小精悍，便于携带，具有隐蔽性。二节棍技法简单、实用，可以把棍叠在一起做短棍用，也可以用中间链接部分擒锁、绞杀，挥动起来威力更大。通过教学中攻防意识的培养和一定的实战练习，可以使二节棍成为用来自卫防身的好武器。

三、器材的开发

二节棍的练习不一定需要很好的器材，完全可以利用废旧报纸、杂志、旧书本自制二节棍，简便易行。先把书本卷成纸筒，用打孔器或锥子打孔，用线绳将两个纸筒连起来，再用激光纸等进行装饰，就制成了简易二节棍（如图4-7）。棍的长短、粗细、软硬都可以根据学生的实际情况进行调节。

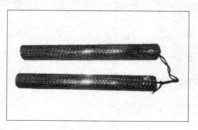

图4-7

四、教学内容的开发

二节棍的表演常常令人眼花缭乱，看似很难，但是基本动作并不难。二节棍的基本动作无非是劈、扫、撩、抽、戳、点等，棍的运动轨迹也无非是水平、垂直、斜向的上下、左右舞动，可以先由简单动作入手，把难度大的动作分解，逐渐组合串联。只要遵循由简到繁、由易到难的原则，循序渐进地组织教学，就可以使学生很快掌握二节棍技术。

二节棍的基本技法有持棍法、携棍法、舞棍法、接棍法、攻击法、防御法等。

（一）握棍法

握棍法是指二节棍的握持手法，即传统器械中的把位。握棍手法有正握和反握，正握又称正把，虎口朝向棍中段（如图 4-8）；反握又称反把，虎口朝向棍端（如图 4-9）。用手握棍时，用大拇指和食指牢牢握住主棍（如图 4-10），另外三指起辅助作用，适当放松，以保证棍运转的灵活性。

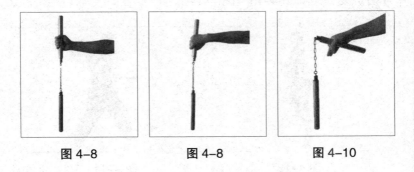

图 4-8   图 4-8   图 4-10

（二）持棍法

二节棍持棍法就是握棍对敌的姿势，持棍姿势以前手握主棍为主，采用侧身对敌，自然放松。

1. 叠棍式

成警戒式姿势，前手将两节棍体重叠握在手中，一般采用正握姿势（如图 4-11、4-12）。

图 4-11 图 4-12

2. 夹棍式

前手正握主棍，棍身直立，另一棍夹在同侧腋下，后手成防护姿势（如图 4-13、图 4-14）。

图 4-13 图 4-14

3. 背棍式

前手握棍屈肘于头侧，另一棍下垂于肩后或大臂外侧（如图 4-15、4-16）。或者，后手从前手大臂下方持棍，使连接部分紧贴肩臂部（如图 4-17、4-18）。

图 4-15   图 4-16

图 4-17   图 4-18

4. 悬棍式

前手握棍一端，另一棍自然悬垂，位于体前（如图 4-19、4-20）。

图 4-19

图 4-20

5. 一字式

两手正握两棍端，将棍拉直，可以左右水平位于胸前（如图 4-21、4-22）。

图 4-21

图 4-22

6. 藏棍式

两手握棍置于体后，可拉直，也可藏于背后，使对方看不到棍（如图 4-23 至 4-26）。

图 4-23

图 4-24

图 4-25

图 4-26

（三）接棍法

接棍法就是攻击后将棍收回到手中的方法，如果一击不中，可以接棍再次攻击。

1. 单手叠棍接棍

由悬棍式开始，向上撩棍，当游离棍下落时，手腕旋转手心向上接棍（如图 4-27 至 4-30）。

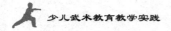

图 4-27

图 4-28

图 4-29

图 4-30

2. 体前摊掌接棍

从双手持棍开始（如图 4-31），向前上方撩棍，使游离棍上翻，接棍手在体前掌心向上接棍（如图 4-32 至 4-34）。

图 4-31

图 4-32

图 4-33　　　　　　　　　　图 4-34

3. 体前伏掌接棍

从背棍式开始（如图 4-35），向前劈棍，使游离棍从后经上方、向前下方荡起，接棍手在体侧掌心向下接棍（如图 4-36 至 4-38）。

图 4-35　　　　　　　　　　图 4-36

图 4-37　　　　　　　　　　图 4-38

4. 体前竖掌接棍

从悬棍式开始，从右向左扫棍，接棍手掌心向前在侧前方接棍（如图 4–39 至 4–42）。

图 4–39

图 4–40

图 4–41

图 4–42

5. 背后中线接棍

从背棍式（如图 4–43）开始，松肩上手，后手持棍向前撩棍，使游离棍向背后下落，接棍手贴腰背部掌心向后接棍（如图 4–44 至 4–47），然后换方向练习。

图 4-43

图 4-44

图 4-45

图 4-46

图 4-47

6. 腋下接棍

　　从背棍式（如图 4-48）开始，松肩上手，右手持棍向前撩棍，使游离棍向背后下落，接棍手在右腋下接棍（如图 4-49 至 4-51），然后换方向练习。

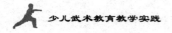

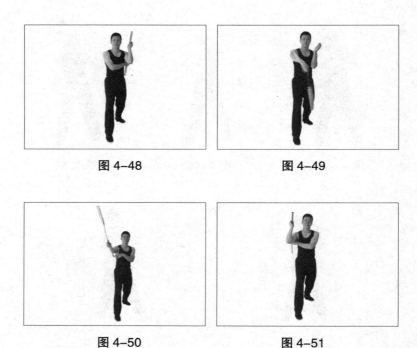

图 4-48　　　　　　　　　图 4-49

图 4-50　　　　　　　　　图 4-51

7. 腋下夹棍

　　从背棍式开始，持棍手带动游离棍向前击出后，手腕内转，屈肘外翻，使游离棍荡至上臂内侧，将其夹住（如图4-52 至 4-55）。

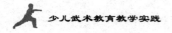

124

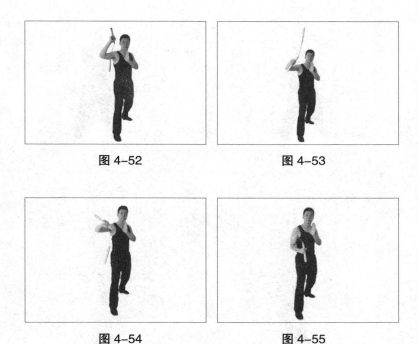

图 4–52　　　　　　　　　　图 4–53

图 4–54　　　　　　　　　　图 4–55

（四）攻击法

1. 射棍

棍身叠握在手中，靠腕部抖劲，使上方棍节直线向前弹射出去，攻击面部（如图 4–56、4–57）。

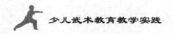

图 4-56

图 4-57

2. 劈棍

从上向下鞭打，力达棍身或棍端，打击头、颈、肩等部位（如图 4-58、4-59）。

图 4-58

图 4-59

3. 撩棍

自下向上鞭打，靠腕劲带棍，以棍端为力点，攻击手腕、下颌、裆部等部位（图 4-60 至 4-62）。

图 4-60 　　　　　 图 4-61 　　　　　 图 4-62

4. 扫棍

横向抡打，力达棍身或棍端，攻击头、肋、腰、膝等部位（如图 4-63 至 4-65）。

图 4-63 　　　　　 图 4-64 　　　　　 图 4-65

五、学练方法的开发

练习方法要多样。虽然学生对二节棍有很高的兴趣，但是随着长时间的反复练习，会带来一定的枯燥感，而且随着技术难度的增加，有的学生会知难而退。在这种情况下，教师就要善于发掘学练的方法，保持、提高学生的兴趣。练习

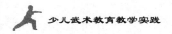

形式可以是单式练习，也可以进行套路练习；可以集体表演，也可以个人展示；在教学中可以用旧报纸、气球等做靶子，通过击靶可以提高击打的力量、速度和打击的准确性；还可以通过蒙上眼睛练习，提高对空间的感觉力。

例如：球靶练习。

用小皮球或用纸、棉花等自制小球挂起，用各种攻击法击打，可以提高击打的准确性，如射棍（如图 4–66 至 4–68）、撩棍（如图 4–69）、劈棍（如图 4–70）。

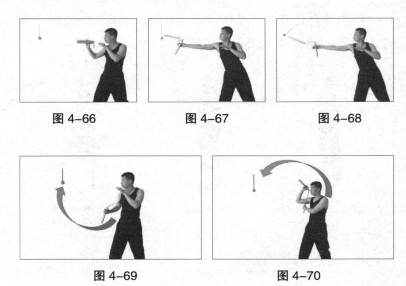

图 4–66   图 4–67   图 4–68

图 4–69   图 4–70

六、教学示例（见表4-1）

表4-1 教学示例表

教学内容	二节棍——劈棍（苏秦背剑）				
教学目标	1. 通过学习，使90%学生掌握二节棍劈棍的动作方法，80%学生能做到劈击动作准确，快速有力，通过学习增强学生的上肢力量、协调等身体素质，体验武术动作的精、气、神 2. 通过教师的讲解示范以及纸靶、球靶的辅助教学等方法使学生掌握劈棍的动作 3. 培养学生对武术的兴趣和良好的武德，学生在学习中能表现出乐于合作、勇于挑战的精神以及勇敢顽强、克服困难的良好思想品质；激发学生热爱祖国传统体育文化的民族自豪感				
重点难点	教学重点：劈击快速有力 教学难点：劈击准确			运动量	
教学过程					
环节	时间	教学内容	教师活动	学生活动	次数	时间
开始部分	约3分	一、上课式 1. 班长整队，报告人数 2. 师生问好	1. 检查着装，听班长报告 2. 师生互行抱拳礼并问好	☆ ☆ ☆ ☆ ☆ ☆ ☆ ☆ ☆ ☆ ★ ☆ ☆ ☆ ☆ ☆ ☆ ☆ ☆ ☆ ☺ 1. 学生集合站队，班长报告人数 2. 向老师互行抱拳礼并问好	1	1分

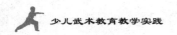

	3. 宣布内容 4. 安排见习生 二、队列练习 1. 三面转法 2. 齐步走，立定	3. 宣布课的内容 提出要求：学习 二节棍劈棍动作 要注意安全 4. 提示动作要点， 组织学生练习	3. 学生听讲 4. 听口令，集体 练习 要求： 声音短促、洪亮， 转头动作与报数 同时；队列整齐， 节奏明显	2 2	2 分
设计意图：迅速将学生组织起来，集中注意力，明确课的任务和要求，调动学生学习的积极性。通过抱拳礼渗透武德教育，增强礼仪教育					
准 备 部 分	约 6 分	一、棍操 1. 伸展运动 2. 扩胸运动 3. 踢腿运动 4. 体侧运动 5. 体转运动 6. 腹背运动 7. 跳跃运动 二、辅助练习 1. 左摇右摆 2. 抓棍练习 3. 流星赶月（立圆舞花） 4. 背棍练习	1. 教师提出练习 要求 2. 带领学生练习 3. 带领学生练习， 强调动作要领	成体操队形 1. 认真听讲 2. 集体练习，和 教师一起做 要求：手型步型正 确，摆头快速有力 3. 集体练习 要求： 手腕放松	4x8 4x8	3 分 3 分
设计意图：通过棍操和辅助练习充分活动身体各关节，加强对二节棍的本体感觉，提高学生大脑皮层的兴奋性，激发学生的活动热情					

续表

基本部分	约27分	二节棍——劈棍（苏秦背剑）动作方法 预备姿势：（右势）右手持棍于肩上，棍身水平，左手于右腋下持棍使绳贴紧肩部 劈棍：松左手，右手持棍用力向前使棍从上向下劈击 收势：当棍下摆后，右手持棍向前上挥棍，恢复成预备姿势	一、循序渐进，初步感知 1. 教师展示，激发兴趣 教师示范动作，要求学生带着问题观察动作 2. 教师讲解动作方法，带领学生模仿练习 3. 组织学生徒手练习。及时纠正学生的问题 4. 组织学生分解动作原地练习，提出练习要求 5. 讲解移动步法，带领学生练习移动	成体操队形 ☆ ☺ 1. 学生认真观察动作，观察动作的路线、棍下落的位置 要求：带着问题认真观察老师示范 2. 学生认真听讲，模仿练习 3. 学生集体原地练习，徒手模仿 要求：边做边喊口令，声音洪亮 4. 按口令集体练习分解动作 要求：肘关节张开，棍落在腿外侧 5. 集体练习，看老师的手势移动 要求：看清手势，反应快速准确	1–2 2–3 3–5 8–10 6–8	1 2 2 2 2

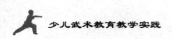

| | | 教学重点：劈击快速有力
教学难点：劈击准确 | 6.带领学生完整动作练习，纠正动作
7.组织学生展示，集体评价

二、击打球靶，提高准度
1.讲解示范打球靶的方法，提出练习要求
2.组织学生打球靶练习，巡视指导
3.组织学生展示，积极评价
4.提出新的要求，组织学生继续练习
5.组织学生分组展示 | 6.集体练习移动劈棍
要求：劈棍动作与步法协调配合
7.2~3名学生展示，集体评价
要求：积极勇敢，大胆评价

1.认真观察动作，听清要求
2.四人一组，轮流练习
要求：击打准确，练习有序
3.2名学生展示
4.分组练习打移动靶
要求：移动范围不要过大，注意保持安全距离
5.每组选出一名打击准确的学生进行展示 | 5~6

1

1

4~5

4~5

1 | 2

1

1

2

3

1 |

		三、击破报纸，快速有力 1.讲解示范用报纸练习的方法 2.提出练习要求，组织学生分组练习 3.组织学生展示，提出新的要求 4.组织学生尝试击打较厚的报纸 5.组织集体展示，评价小结	1.认真听讲观察 2.两人一组，配合练习 要求：击打准确，快速有力。报纸不要乱扔，放入垃圾箱 3.2名学生展示，评价 4.分组练习，根据自己能力选择报纸厚度 要求：量力而行 5.分组展示，集体评价 要求：配合密切，击打快速	1 2 3 1	1 2 3 1

设计意图：通过教师讲解、观察示范、体验练习等方法，使学生建立正确动作表象。通过击打球靶提高劈棍的准确性，通过击破报纸提高劈棍的力度，有效解决教学重难点，提高学生的练习兴趣

结束部分	约4分	一、放松活动 二、课堂小结 三、宣布下课	1.带领学生练习，提示动作要求 2.小结学生课堂表现 3.宣布下课行抱拳礼	1.学生随老师放松练习 要求： 动作舒展，每个动作坚持8~10秒 2.学生谈收获。认真听讲 3.学生行抱拳礼，下课	3分 1分

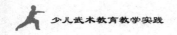

续表

	器材：自制二节棍旧报纸、球靶若干	心率曲线预计	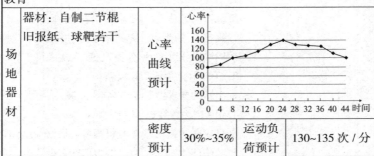
场地器材		密度预计	30%~35%	运动负荷预计	130~135 次/分

安全措施：
1.科学合理地布置场地，使学生练习保持安全距离
2.教育学生严格遵守课堂常规
3.教师观察细致，巡视到位，及时处理偶发事件
4.在教学中，始终贯彻安全教育、武德教育，提示注意安全

课后小结：

第四节　少年搏击操

一、教学意义与教学目标

初步学习武术实用技术，增强学生的攻防意识。

二、教材内容的特点及教与学法的建议

（一）内容特点

这套操以自卫术为基础，吸取散打、截拳道中的部分动作，并根据学生的年龄特点，以基本拳法、腿法为主，简单易学，配以节奏感强的音乐，活泼、动感，容易激发学生兴趣，收到良好的锻炼效果。

（二）教学建议

搏击操在教学中动作方向、路线要清楚，要充分发挥武术骨干的作用，采用分组练习。

三、教学内容

预备姿势（如图 4–71）：两脚左右分开略比肩宽，两膝稍弯并内扣，两脚尖向前，身体重心均匀分配在两脚掌上；两拳半握抬起放在腮边，拳心相对；下颚内收，头上顶，目视前方。

格斗姿势（左势）（如图 4–72）：在预备姿势基础上身体向左转 90 度，面向左，两脚成前后站立，前脚放平，后脚跟稍抬起，双膝稍弯；两臂曲肘，左手在前，右手在后，放在下颚前。右势与左势动作相同方向相反。

图 4-71

图 4-72

（一）基本动作

1. 基本拳法

图 4-73

图 4-74

图 4-75

图 4-76

（1）第一个八拍：直拳。

1拍：从预备姿势开始（如图4-73），左脚以前脚掌向内旋转90度带动身体右转，同时左前臂内旋随身体拧转向前击出，成平拳（如图4-74）。

2拍：还原成预备姿势（如图4-75）。

3、4拍同1、2拍，但方向相反（如图4-76）。

5、6拍同1、2拍。

7、8拍同3、4拍。

图 4-77

图 4-78

图 4-79

图 4-80

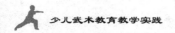

（2）第二个八拍：摆拳。

1拍：左拳向左前方45度直臂伸出，拳眼向上，左脚向内旋转的同时，前臂内旋向右曲臂摆击，拳心向下（如图4-77、4-78）。

2拍：还原成预备姿势。

3、4拍同1、2拍，但方向相反（如图4-79、4-80）。

5、6拍同1、2拍。

7、8拍同3、4拍。

图4-81　　　　　　　　　　图4-82

图4-83　　　　　　　　　　图4-84

（3）第三个八拍：勾拳。

1拍：左拳向同侧腿方向向下伸出，当身体右转时，左拳由下向右肩45度方向斜上抄起，拳心向内（如图4-81、4-82）。

2拍：还原成预备姿势。

3、4拍同1、2拍，但方向相反（如图4-83、4-84）。

5、6拍同1、2拍。

7、8拍同3、4拍。

图 4-85

图 4-86

图 4-87

图 4-88

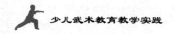

（4）第四个八拍：摆肘。

1拍：左臂夹肘从左侧抬平，当身体右转时，左肘向正前方平扫，拳心向下，肘尖向前（如图4-85、4-86）。

2拍：还原成预备姿势。

3、4拍同1、2拍，但方向相反（如图4-87、4-88）。

5、6拍同1、2拍。

7、8拍同3、4拍。

2. 基本腿法

图 4-89 　　　　　　　　图 4-90

（1）第一个八拍：顶膝。

1拍：左腿屈膝提起，脚尖向下，用膝部由下向上顶击（如图4-89）。

2拍：左腿落回原地，恢复预备姿势。

3、4拍同1、2拍，但方向相反（如图4-90）。

5、6拍同1、2拍。

7、8拍同3、4拍。

图 4-91　　　　　　　　　　图 4-92

（2）第二个八拍：前踢。

1拍：左腿屈膝提起不停，迅速弹直向前踢出，以脚尖或前脚掌攻击（如图4-91）。

2拍：左腿落回原地，恢复预备姿势。

3、4拍同1、2拍，但方向相反（如图4-92）。

5、6拍同1、2拍。

7、8拍同3、4拍。

图 4-93　　　　　　　图 4-94　　　　　　　图 4-95

图 4-96 图 4-97 图 4-98

（3）第三个八拍：侧踢。

1、2 拍：左脚向左一小步，右脚向左前交叉（如图 4-93）。

3 拍：左脚屈膝抬起，身体稍向右侧仰，左脚脚尖向前，用脚掌向左侧踢出（如图 4-94、4-95）。

4 拍：左腿落回原地，恢复预备姿势。

5-8 拍同 1-4 拍，但方向相反（如图 4-96 至 4-98）。

（4）第四个八拍同第三个八拍。

（5）第五至八个八拍重复前四个八拍。

3. 跃腿操

图 4-99 图 4-100

图 4-101　　　　　　　　　　图 4-102

（1）第一个八拍。

1 拍：左腿向上顶膝，同时右脚跳起（如图 4-99）。

2 拍：左脚落下。

3 拍：左脚落地后迅速提膝前踢，同时右脚跳起（如图 4-100）。

4 拍：左脚下落成预备姿势。

5-8 拍同 1-4 拍，但方向相反（如图 4-101、4-102）。

（2）第二个八拍同第一个八拍。

（3）第三至五个八拍原地踏步，第三个八拍偶数列向左踏至前列中间位置。第五个八拍结束程格斗姿势。

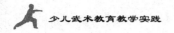
（二）组合动作

1. 直拳滑步组合

图 4-103

图 4-104

图 4-105

图 4-106

图 4-107

（1）第一个八拍。

1拍：从格斗姿势开始（如图 4-103），左脚贴地向前滑进一小步，同时出左手直拳（如图 4-104）。

2拍：右脚跟进一小步，保持原来的距离，同时收左拳出右手直拳（如图 4-105）。

3拍：右脚向后退一步，同时收右拳（如图 4-106）。

4拍：左脚退回成格斗姿势（如图 4-107）。

5-8 拍同 1-4 拍。

（2）第二个八拍同第一个八拍，7、8 拍右转换成右势。

（3）第三、四个八拍同第一、二个八拍，但方向相反。

2. 直拳前踢组合

图 4-108

图 4-109

图 4-110

图 4-111

（1）第一个八拍。

1 拍：从格斗姿势开始，左直拳（如图 4-108）。

2 拍：右直拳（如图 4-109）。

3 拍：右腿前踢（如图 4-110）。

4 拍：右脚落下转身成格斗姿势。

5–8 拍同 1–4 拍，但方向相反。7、8 拍时换成右势（如图 4–111）。

（2）第二个八拍同第一个八拍，但方向相反。

（3）第三、四个八拍同第一、二个八拍。

3. 跃腿操

同（一）3. 内容。

踏步两个八拍后重复组合动作。动作结束成直立姿势。

第五节　武术校本课程：国学武术操

国学泛指传统的中华文化与学术，是以先秦的经典及诸子百家为根基，涵盖了两汉经学、魏晋玄学、隋唐佛学、宋明理学、明清实学和同时期的先秦诗赋、汉赋、六朝骈文、唐宋诗词、元曲与明清小说等的一套特有而完整的文化、学术体系。中国武术本身就是中华民族的优秀文化，有"国术"之称。故笔者将武术与国学经典内容相结合，以操的形式将其展现出来。诗歌是国学经典，意境优美，富有节奏，与武术存在契合点，习文练武相得益彰，在此，笔者以国学武术操《登鹳雀楼》为例，抛砖引玉。

这套操以武术基本动作为主，动作简单，配上优美的诗歌音乐，学生可以一边锻炼一边欣赏诗歌，两全其美。

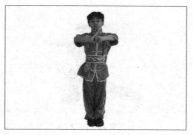

图 4-112

图 4-113

预备动作：立正姿势，行抱拳礼（如图 4-112）；两手抱拳于腰间，目视前方（如图 4-113）。

图 4-114

图 4-115

白日依山尽：左手成掌从左侧上举（如图 4-114）；经头上在右肩前成立掌，眼随手动（如图 4-115）。

图 4-116

图 4-117

黄河入海流：左脚向左开步成马步，左掌向左搂手（如图 4-116）；收左手，身体左转，成左弓步，同时，右手冲拳（如图 4-117）。

图 4-118

图 4-119

欲穷千里目：身体右转，右拳在体前格挡（如图 4-118）；收右拳，左手冲拳，目视前方（如图 4-119）。

图 4-120

图 4-121

图 4-122

更上一层楼：身体右转成右弓步，左手向右侧盖掌（如图 4-120）；右手成掌从左掌内向右上方穿掌，眼随手动（如图 4-121），然后在头上方亮掌，头左摆，目视左侧（如图 4-122）。

结束动作：两手抱拳，目视前方（如图 113）；行抱拳礼，还原立正姿势（如图 112）。